# Ich bin ohne Sinnen gestorben



»Nahaufnahmen«

Marta press

Gabriele Lübke

# "Ich bin ohne Sinnen gestorben!"

## Leben und Leid der Rosa Schillings

Marta press

Die Deutsche Bibliothek verzeichnet diese Publikation
in der Deutschen Nationalbibliografie.
Detaillierte bibliografische Daten sind im Internet abrufbar unter
http://dnb.d-nb.de

Besuchen Sie uns im Internet:
www.marta-press.de

1., leicht korr. Auflage, Mai 2021

Lektorat: Veronika Schimmer
© Umschlaggestaltung: Andreas Imhof, Hamburg,
unter Verwendung eines Fotos vom
Atelier J. Preim Sohn, Aachen, © Gabriele Lübke.
Printed in Germany.
ISBN 978-3-944442-96-9

*Das Vergessen der Vernichtung*
*ist Teil der Vernichtung selbst.*

Jean Baudrillard

## Inhaltsverzeichnis

**Anhang**

# Vorwort

Unter Berufung auf die Lehre einer „Rassenhygiene“ waren Menschen mit Behinderungen und psychischen Erkrankungen im Nationalsozialismus in Deutschland Diskriminierungen und Verfolgungen ausgesetzt. In diesem Buch möchte ich die Lebens- und Leidensgeschichte von Rosa Schillings schildern, einer Frau, die durch persönliche Schicksalsschläge in die Maschinerie der nationalsozialistischen Psychiatrie geraten war. Einer Frau, die sich trotz aller Schikanen in den Heil- und Pflegeanstalten der NS-Zeit nicht beugen ließ. Einer Frau, die 1941 in Hadamar durch Gas ermordet wurde. Meiner Großmutter.

Durch Zufälle, durch meine Hartnäckigkeit und durch die Hilfe von Mitarbeitenden von Institutionen und insbesondere durch die Unterstützung von Menschen, die sich mit dem Thema der Krankenmorde aus historischer und psychiatrischer Sicht befassen, konnte ich einen Teil der Lebens- und Leidensgeschichte meiner Großmutter aufarbeiten.

Rosas Geschichte beruht auf den Erzählungen meines Vaters Gregor Schillings, teilweise auf Erzählungen seines Onkels Josef Droste, auf Dokumenten, Schriftstücken und Briefen, die sich in unserem Familienbesitz befinden, und auf Rosas Krankenakte aus Galkhausen, deren Kopie ich über das Bundesarchiv Berlin erhalten habe. Die geschichtlichen Hintergründe beruhen auf einer Literatur- und Internetrecherche sowie Dokumenten, die ich aus dem Archiv des Landschaftsverbandes Rheinland und der LVR-Klinik Langenfeld erhalten habe. Durch Gespräche in der Gedenkstätte Hadamar sowie mit den Autoren des Buches „Verlegt nach unbekannt“ konnte ich meine Recherchen vervollständigen.

Ohne die akribische Aufarbeitung der Krankenakten der während des Nationalismus getöteten Menschen aus Heil- und Pflegeanstalten, die 1990 im Stasi-Archiv in Ostberlin durch die Mitarbeitenden des Bundesarchives entdeckt wurden, wäre dieses Buch nicht möglich gewesen. Fünf Jahre aus dem Leben meiner Grußmutter wären im Dunklen geblieben.

Da meine Großmutter über fünf Jahre ihres Lebens in der Heil- und Pflegeanstalt Galkhausen verbracht hat und in der Tötungsanstalt Hadamar ermordet wurde, beziehen sich viele Teile des Buches auf diese beiden Anstalten.

Mein besonderer Dank gilt Rolf Rüland, Dr. Matthias Leipert, Dr. Friedrich Leidinger und Rudolf Styrnal sowie den Mitarbeitenden des Bundesarchives in Berlin und den Mitarbeitenden der Gedenkstätte Hadamar. Herr Rüland hat mich ermutigt, Rosas Geschichte öffentlich zu machen und Rosas Stolperstein in Würselen initiiert. Dr. Leipert, Dr. Leidinger und Rudolf Styrnal haben mir wichtige Informationen zum Leben in der Heil- und Pflegeanstalt Galkhausen zur Zeit des Nationalsozialismus und den damaligen Behandlungsmethoden der Psychiatrie gegeben.

Mein Dank gilt allen, die mein Manuskript begutachtet und mich ermutigt haben, es zu veröffentlichen: meiner Tochter Nadine Quast, meiner Freundin Marlen Kunz-Wiegard, Rolf Rüland und Dr. Eberhard Heuel.

Dieses Buch ist ein Mahnmal für alle Menschen, die diese grausamen Tode gestorben sind.

Gabriele Lübke, Februar 2021

Abb. 1: Rosa als Jugendliche. Atelier J. Preim Sohn, Aachen, © Gabriele Lübke.

## Gedicht ohne Namen

Man hat uns getötet,
unsere Leiber verbrannt.
Wir waren lange Zeit
aus dem Gedächtnis verbannt.
Der Rauch legte sich
schwarz über den Ort,
doch alle schwiegen,
keiner sprach von Mord.
Nicht kann man
die Zeit zurückdrehen,
doch dürft ihr nicht vergessen,
was mit uns geschehen.
Damit wir können in Würde ruhen,
habt ihr nun die Pflicht,
uns zurückzugeben
unseren Namen und unser Gesicht.

Gabriele Lübke

# Der Weg ins Ungewisse

## Auf der Sonnenseite des Lebens

Rosa stand an der Reling des Passagierschiffes. Ihre beiden Kinder Inge und Gregor schliefen unten in der Kabine. Sie war auf dem Weg nach Borneo zu ihrem Mann Jean. Etwas verunsichert sah sie auf das unendlich weite Meer. Vor ihr lag eine ungewisse Zukunft in einem fremden Land, weit weg von ihrer Heimat Deutschland. Ihre Gedanken schweiften ab in die Vergangenheit. Sie blickte auf eine wohlbehütete Kindheit, eine Jugendzeit im Krieg und auf ihre Ehe mit Jean.

Hubertina Antonette Rosa Schillings wurde am 18. März 1899 als Tochter von Anton und Johanna Hubertina Droste, geborene Hamm, in Würselen geboren. Ihr Vater, in Fredeburg im Sauerland groß geworden, war mit einem Sohn des Kaufmanns Sinn nach Aachen gekommen und hatte dort als Buchhalter im Sinn-Kaufhaus gearbeitet. Später machte er sich mit einem Weißwarengeschäft in Würselen in der Kaiserstraße 9 selbstständig. Rosas Mutter Johanna Hubertina kam aus einer Aachener Lehrerfamilie.

In der Kaiserstraße 9 in Würselen in der Nähe von Aachen lebte Rosa mit ihren Eltern, ihrem älteren Bruder Karl und den beiden jüngeren Brüdern Josef und Hermann. Sie verlebte eine unbeschwerte Kindheit, von ihren Eltern wohlbehütet. Die Jugendzeit wurde durch den Ersten Weltkrieg überschattet. Rosa verbrachte einen Teil der Kriegszeit mit ihren jüngeren Brüdern in Schmallenberg im Sauerland. Hier gab es viele Verwandte ihres Vaters, bei denen sie liebevoll aufgenommen wurden.

Ihr älterer Bruder Karl musste in den Ersten Weltkrieg ziehen und erlitt in Frankreich eine schwere Verwundung, von der er sich nie wieder ganz erholte.

Abb. 2: Hubertina Antonette Rosa Schillings, geb. Droste, wurde am 18.03.1899 in Würselen geboren. Hier im Alter von etwa 18 bis 22 Jahren. Atelier J. Preim Sohn, © Gabriele Lübke.

Abb. 3: Rosas Elternhaus in der Kaiserstraße 9 in Würselen. Dort betrieb ihr Vater Anton Droste ein Geschäft für Weißwaren. © Gabriele Lübke.

Als Tochter aus gutem Hause hatte Rosa eine gute Erziehung und Bildung erhalten, mit Sprach- und Musikunterricht. Nach ihrer schulischen Ausbildung half sie im Geschäft ihrer Eltern. Sie war eine lebenslustige junge Frau, die es liebte, sich elegant zu kleiden.

Rosa verliebte sich in Johann Josef (genannt Jean) Schillings aus Bardenberg.

Jean wurde 1900 geboren, hatte die Bergschule[1] absolviert und wollte, wie sein Vater, Fahrsteiger werden. Seine Eltern sahen die Verbindung zwischen ihm und Rosa eher skeptisch. Wahrscheinlich hätten sie es lieber gesehen, wenn ihr erstgeborener Sohn als Bruder von vielen Schwestern zum Familieneinkommen beigetragen hätte.

Rosas Vater starb am 19.11.1924.

Im Februar 1925 heirateten Rosa und Jean. Sie zogen in eine Wohnung in Aachen. Am 29. Mai 1925 wurde ihre Tochter Ingeborg Alexandrine (genannt Inge) und am 22. Juni 1926 ihr Sohn Gregor Josef (genannt Gregor) geboren. Rosa war glücklich und fühlte sich auf der Sonnenseite des Lebens.

Abb. 4: Rosas Ehemann Johann Josef Schillings, geb. 1900, aus Würselen. Atelier J. Preim Sohn, © Gabriele Lübke.

[1] „Bergschulen waren die Vorläufer der 1963 eingeführten staatlichen Ingenieurschulen für Bergwesen. Sie bildeten in zwei Jahren technische Grubenbeamte (Steiger) aus; die schulische Ausbildung war verbunden mit praktischer Arbeit in einem Bergwerk." (Maas, Heinz: http://archive.is/o8k78 (11.08.2018)).

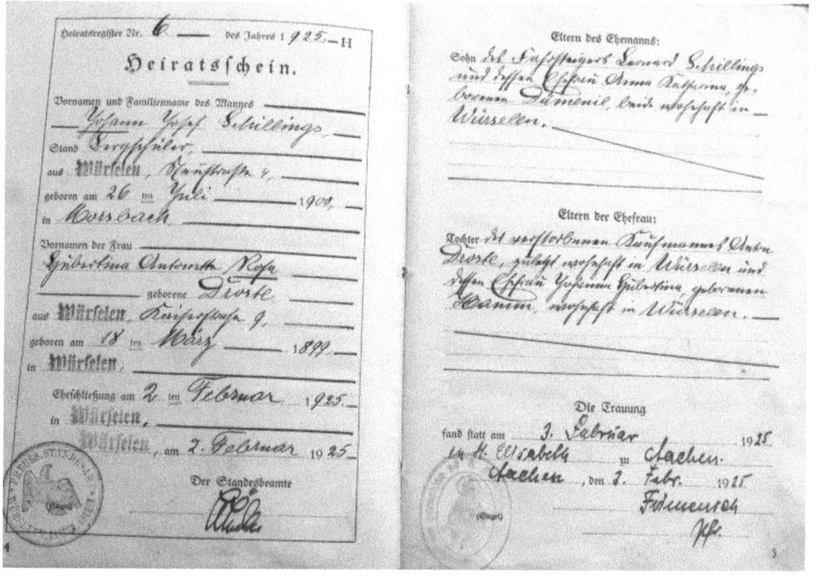

Heiratsregister Nr. 6 des Jahres 1925.–H

Heiratsschein.

Vornamen und Familienname des Mannes

Stand

aus Würselen

geboren am

in

Vornamen der Frau

geborene

aus Würselen

geboren am

in Würselen

Eheschließung am

in Würselen

Würselen, am

Der Standesbeamte

Eltern des Ehemanns:

Sohn

Eltern der Ehefrau:

Tochter

Die Trauung

fand statt am

zu

, den

Abb. 5: Rosas Familienbuch mit Heiratsurkunde und Geburtsurkunden ihrer Kinder. © Gabriele Lübke.

Jeans Vetter lebte schon seit einigen Jahren auf Borneo[2] in Niederländisch-Indien und war Geschäftsführer eines niederländischen Bergwerks auf dieser Insel. Bei einem Heimaturlaub machte er Jean das Angebot, die technische Leitung dieses Bergwerkes auf Borneo zu übernehmen. Für Jean war dieses Angebot sehr verlockend, denn in Deutschland bestand für ihn nicht die Möglichkeit, eine so gut bezahlte Arbeitsstelle mit vielen weiteren Privilegien zu erhalten. Er besprach sich lange mit Rosa und beide entschieden, dass er das An-

[2] Borneo (heute: Kalimantan) ist die drittgrößte Insel der Welt und war zu der Zeit im Süden, Westen und Osten niederländische Kolonie, der Nord-Westen mit Brunei und Sarawak gehörte zur britischen Kolonie.

gebot annehmen sollte. Jean wollte vorerst alleine nach Borneo fahren, da die Kinder noch zu klein für die weite Reise waren und Rosas Mutter sehr krank war und Pflege bedurfte.

Jean unterschrieb den Vertrag, in dem er sich für zwölf Jahre verpflichtete, für die niederländische Bergbaugesellschaft zu arbeiten. Danach wollte er sich seinen Traum erfüllen und nach Amerika auswandern, um dort Kinos zu eröffnen.

1927 machte Jean sich auf die Reise nach Borneo.

Rosa zog zurück in ihr Elternhaus zu ihrer verwitweten Mutter in die Kaiserstraße 9 in Würselen. Sie pflegte ihre Mutter und kümmerte sich um ihre beiden kleinen Kinder.

Jean schickte regelmäßig Briefe und Fotos an Rosa und berichtete ihr von dieser weit entfernten Insel und ihrer exotischen Schönheit. Das Bergwerk lag in der Nähe von Samarinda an der Ostküste Borneos. Die Arbeit machte ihm Freude und die Insel faszinierte ihn.

Rosas Schwiegereltern verstanden nicht, dass Rosa nicht mit ihrem Ehemann nach Borneo gefahren war, und wandten sich von ihr und den Kindern ab. Rosa versuchte mehrmals, Kontakt zu ihnen aufzunehmen, wurde aber immer wieder abgewiesen. Zum Geburtstag der Schwiegermutter hatte sie als Geschenk Töpfe gekauft und war mit ihren beiden kleinen Kindern zum Haus ihrer Schwiegereltern gegangen. Die Schwiegermutter beschimpfte sie aber auf das Derbste und warf ihr die Töpfe hinterher. Die Beziehung von den Schwiegereltern zu ihr und den Kindern war nur noch von Hass geprägt.

Am 13. März 1928 starb Rosas Mutter nach langer schwerer Krankheit. Rosa beerdigte sie, regelte die Erbangelegenheiten und bereitete sich auf ihre große Reise nach Borneo vor.

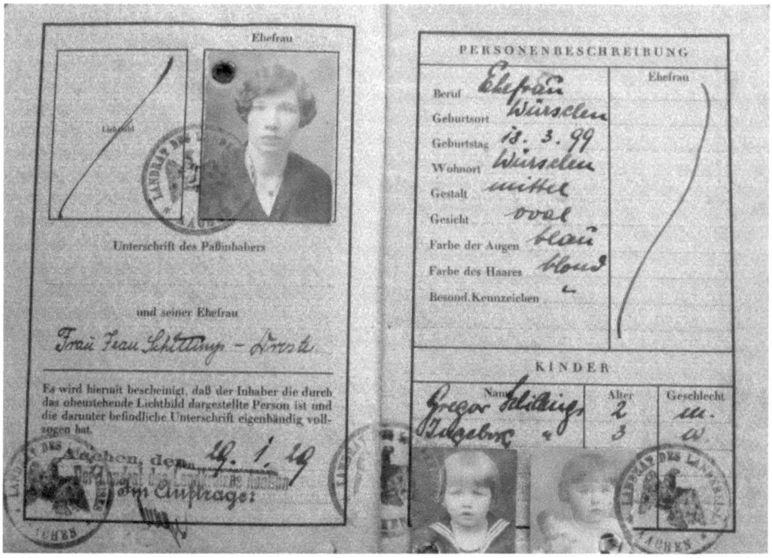

Ehefrau

Unterschrift des Paßinhabers

und seiner Ehefrau

Es wird hiermit bescheinigt, daß der Inhaber die durch das obenstehende Lichtbild dargestellte Person ist und die darunter befindliche Unterschrift eigenhändig vollzogen hat.

Aachen, den 19. 1. 29

Im Auftrage:

PERSONENBESCHREIBUNG

| | Ehefrau |
|---|---|
| Beruf | Ehefrau |
| Geburtsort | Würselen |
| Geburtstag | 18. 3. 99 |
| Wohnort | Würselen |
| Gestalt | mittel |
| Gesicht | oval |
| Farbe der Augen | blau |
| Farbe des Haares | blond |
| Besond. Kennzeichen | – |

KINDER

| Name | Alter | Geschlecht |
|---|---|---|
| Gregor Schilling | 2 | m. |
| Ingeborg | 3 | w. |

Abb. 6: Reisepass von Rosa aus dem Jahr 1929. © Gabriele Lübke.

Jean hatte inzwischen ein Haus auf Borneo erworben und Personal eingestellt, so dass Rosa sich auf ein neues Leben gemeinsam mit ihrem Ehemann und den beiden Kindern freuen konnte. Aber die Ungewissheit blieb: Was erwartete sie fernab ihrer Heimat in diesem unbekannten Land?

Im Februar 1929 machte sich Rosa auf die Reise. Die Bergwerksgesellschaft hatte alles für sie vorbereitet. Zuerst fuhr sie mit dem Auto nach Rotterdam. Mit dem vielen Gepäck und zwei kleinen Kindern war dies nicht so einfach. In Rotterdam angekommen, ging es auf ein großes Passagierschiff. Der Komfort auf dem Schiff faszinierte Rosa. Alle waren nett zu ihr und bemühten sich, ihr die Reise so angenehm wie möglich zu machen. Die Kinder genossen die Reise, denn das Schiff bot viele Möglichkeiten zum Spielen und zum Entdecken. Aber es gab auch viele Gefahren. Rosa hatte ständig

Angst, eines ihrer Kinder könnte über die Reling klettern und ins Wasser fallen.

Abb. 7: Rosa bei der Äquatorüberquerung. © Gabriele Lübke.

Die Reise führte die drei von Rotterdam über Genua durch den Suezkanal nach Bombay und von dort nach Borneo. Bei der Überquerung des Äquators wurde ein ausgelassenes Fest gefeiert. Rosa erinnerte es an den Karneval, den sie aus ihrer Heimat kannte.

Sie freute sich sehr, dass sie ihren geliebten Ehemann bald wieder in die Arme schließen konnte. Die Kinder würden endlich ihren

Vater wiedersehen. Inge war noch keine zwei Jahre und Gregor noch nicht einmal ein Jahr alt gewesen, als Jean ohne sie nach Borneo fuhr.

## Eugenik, Rassenhygiene und Euthanasie – Hintergründe

Rosa fuhr in eine unbekannte Welt. Sie ahnte noch nicht, dass ihr Leben von Begriffen wie „Eugenik“[3], „Rassenhygiene“ und „Euthanasie“[4] bedroht wurde. Wahrscheinlich war sie mit diesen Begriffen noch nie in ihrem Leben konfrontiert worden.

Bereits Mitte des 19. Jahrhunderts beschäftigten sich Wissenschaftler mit dem Thema der „Rassenhygiene“. So beschrieb der Franzose Arthur de Gobineau[5] zwischen 1852 und 1854 in einer vierbändigen Veröffentlichung eine Theorie über die Ungleichheit der „Menschenrassen“. Er führte den Begriff „Rassenmischung“ ein.[6]

Der Sozialdarwinismus, der in Europa viele AnhängerInnen fand, übertrug biologische Modelle auf die menschliche Gesellschaft. Charles Darwin[7] veröffentlichte 1859 das Buch „Die Entste-

---

[3] Eugenik kommt aus dem Altgriechischen εὖ eũ ‚gut‘ und γένος génos ‚Geschlecht‘.

[4] Euthanasie kommt aus dem Griechischen εὐθανασία, von εὖ eu, ‚gut, richtig, schön‘ und θάνατος thánatos ‚der Tod, das Sterben‘.

[5] Joseph Arthur de Gobineau (1816–1882), französischer Diplomat und Schriftsteller.

[6] Vgl. Eugenik: https://de.wikipedia.org/wiki/Eugenik (15.07.2018); Geulen, Christian: Geschichte des Rassismus, C. H. Beck, München 2007, S. 71–73; George L. Mosse: Geschichte des Rassismus in Europa, Verlag S. Fischer, Frankfurt a. M. 2006, S. 67f.

[7] Charles Robert Darwin (1809–1882), britischer Naturforscher.

hung der Arten durch natürliche Zuchtwahl“, in dem er seine Theorie der natürlichen Auslese der am besten angepassten Tier- und Pflanzenarten veröffentlichte. 1871 erschien sein Werk „Die Abstammung des Menschen und die geschlechtliche Zuchtwahl“, in dem er die Ansicht vertrat, sozialstaatliche Maßnahmen und natürliche Auslese seien unvereinbar.[8] Die Züchtung des „idealen Menschen“ durch Auslese wurde als Lösung der sozialen Probleme angesehen und wurde auf aktuelle gesellschaftliche Krisen übertragen.[9]

Der deutsche Arzt Alfred Ploetz[10] führte in seinem Buch „Die Tüchtigkeit unserer Rasse und der Schutz der Schwachen“, das 1895 erschien, den Begriff „Rassenhygiene“ als Synonym für den Begriff Eugenik ein. Er definierte den Begriff der „Rassenhygiene“ als „Lehre von den Bedingungen der optimalen Erhaltung und Vervollkommnung der menschlichen Rasse“.[11]

1920 veröffentlichten der Psychiater Alfred Hoche[12] und der Strafrechtler Karl Binding[13] die gemeinsame Schrift „Die Freigabe der Vernichtung lebensunwerten Lebens. Ihr Maß und ihre Form“. Binding erörterte in dieser Schrift die Frage, ob Menschen nicht nur sich selbst, sondern unter Umständen auch andere Menschen töten dürften und unter welchen Bedingungen. Binding bejahte das Töten

---

[8] Vgl. Eugenik: https://de.wikipedia.org/wiki/Eugenik (15.07.2018).

[9] Vgl. Birkenfeld, Patricia; Gabriel, Regine; Zeuch, Christian: Die Euthanasie Gedenkstätte Hadamar – Materialsammlung. Eigenständiger Rundgang für SchülerInnen aller Schulformen, Hadamar 2017, S. 7, http://www.gedenkstaette-hadamar.de/ (16.10.2020).

[10] Alfred Ploetz (1860–1940), deutscher Arzt.

[11] Vgl. Eugenik: https://de.wikipedia.org/wiki/Eugenik (15.07.2018).

[12] Alfred Hoche (1865–1943), deutscher Psychiater, Neuroanatom und Neuropathologe.

[13] Karl Binding (1841–1920), deutscher Jurist.

von Schwerbehinderten, die er als „geistig Tote“ und „Ballastexistenzen“ bezeichnete. Er schlug für die Entscheidung der Tötung eine Kommission aus zwei Ärzten und einem Juristen vor.[14]

Binding urteilte in seinem Werk „Die Freigabe der Vernichtung lebensunwerten Lebens. Ihr Maß und ihre Form“:

> „Sie haben weder den Willen zu leben, noch zu sterben. So gibt es ihrerseits keine beachtliche Einwilligung in die Tötung, andererseits stößt diese auf keinen Lebenswillen, der gebrochen werden müßte. Ihr Leben ist absolut zwecklos, aber sie empfinden es nicht als unerträglich. Ihr Tod reißt [sic] nicht die geringste Lücke – außer vielleicht im Gefühl der Mutter oder der treuen Pflegerin.“[15]

Auch Hoche vertrat diese Ansicht. Er ging sogar so weit, eine Kosten-Nutzen-Analyse zu erstellen:[16]

> „Pflegepersonal von vielen tausend Köpfen wird für diese gänzlich unfruchtbare Aufgabe festgelegt und fördernder Arbeit entzogen; es ist eine peinliche Vorstellung, daß ganze Generationen von Pflegern neben diesen leeren Menschenhülsen dahinaltern, von denen nicht wenige 70 Jahre und älter werden.“[17]

---

[14] Vgl. Eugenik: https://de.wikipedia.org/wiki/Eugenik (16.07.2018).
[15] Hoche, Alfred; Binding, Karl: Die Freigabe der Vernichtung lebensunwerten Lebens. Ihr Maß und ihre Form, 1920, S. 31f. Zitat aus Klee, Ernst: „Euthanasie“ im Dritten Reich. Die „Vernichtung lebensunwerten Lebens“. 2. Aufl., Verlag S. Fischer, Frankfurt am Main 2014, S. 23 (Schreibweise im Original).
[16] Vgl. Eugenik: https://de.wikipedia.org/wiki/Eugenik (16.07.2018).
[17] Hoche, Alfred; Binding, Karl 1920, S. 55. Zitat aus Klee 2014, S. 24 (Schreibweise im Original).

In der Schrift von Binding und Hoche wird der Begriff „Euthanasie“ erstmals mit der „Vernichtung lebensunwerten Lebens“ in Verbindung gebracht.[18] Euthanasie kommt aus dem Griechischen; von eu für „gut, richtig, schön“ und thánatos für „der Tod, das Sterben“. Euthanasie stand in der griechischen Antike für einen leichten Tod, ohne das Leiden durch eine Krankheit sowie für einen Tod ohne die Gebrechen des Alters.[19] Diese Begriffsbestimmung vertrat auch Francis Bacon[20]. Er unterschied in seinem Werk „Euthanasia medica“ 1605 zwischen der seelischen Vorbereitung auf den Tod und der erlösenden, das Leiden leichter machenden Euthanasie, die auch unter einer Verkürzung des Lebens erfolgen kann.[21]

In Deutschland wurde der Erste Weltkrieg und seine Folgen sowie die Wirtschaftskrise der 1920er Jahre benutzt, um die „Rassenhygiene“ in der breiten Öffentlichkeit zu propagieren. Die „Rassenhygieniker“ sahen zum einen eine Auslese durch den Krieg, sahen aber andererseits durch Kriegsverluste unter den „Stärksten“ ein Übergewicht der „Minderwertigen“. So forderten die „Rassenhygieniker“ immer mehr die „Ausmerze, Ausjätung und Ausschaltung“ der „Minderwertigen“, worunter sie insbesondere behinderte und psychisch kranke Menschen meinten. Von den Universitäten aus erreichte diese Propaganda ein breites Publikum und fiel auf „fruchtbaren“ Boden.[22]

---

[18] Vgl. Eugenik: https://de.wikipedia.org/wiki/Eugenik (16.07.2018).

[19] Vgl. Wunder, Michael: Was heißt Euthanasie?, http://www.gedenkort-t4.eu/de/wissen/was-heisst-euthanasie (16.07.2018).

[20] Francis Bacon (1561–1626), englischer Philosoph, Jurist und Staatsmann.

[21] Vgl. Geschichte der Euthanasie: https://de.wikipedia.org/wiki/Geschichte_der_Euthanasie (16.07.2018).

[22] Vgl. Birkenfeld, Gabriel, Zeuch 2017, S. 7, http://www.gedenkstaette-hadamar.de (16.10.2020).

Durch die eugenischen, „rassenhygienischen“ sowie sozialdarwinistischen Ansichten veränderte sich der Begriff der „Euthanasie“ und führte in der Zeit des Nationalsozialismus zum systematischen Morden von Menschen, die nicht in die Ideologie dieses Systems passten. Die Umsetzung der „Rassenhygiene“ im Nationalsozialismus war geprägt durch die Nürnberger Rassengesetze und Eheverbote, durch Zwangssterilisationen, durch Zwangsabtreibungen und durch die Vernichtung „lebensunwerten Lebens“.[23] Viele Millionen Menschen mussten von 1933 bis 1945 auf Grund der Theorie der „Rassenhygiene“ ihr Leben lassen.

---

[23] Vgl. Nationalsozialistische Rassenhygiene: https://de.wikipedia.org/wiki/Nationalsozialistische_Rassenhygiene (16.07.2018).

# Düstere Vorboten

## In einem fremden Land

Jean hatte Rosa im Hafen mit seinem neuen Auto abgeholt. Wie glücklich er gewesen sein muss, seine geliebte Frau und seine beiden Kinder wieder in die Arme zu schließen. Er hatte sie zwei Jahre nicht gesehen. Gemeinsam fuhren sie nach Samarinda in ihr neues Haus. Jean hatte alles für seine Familie hergerichtet, um ihr jede Annehmlichkeit zu ermöglichen.

Abb. 8: Das Haus der Familie Schillings an der Ostküste Borneos. © Gabriele Lübke.

Rosa und die Kinder traten in eine neue und ihnen fremde Welt ein. Es gab wunderschöne Blumen und riesige Palmen, Elefanten, Affen, Nashörner und weitere, für die Kinder bisher unbekannte Tiere. Dass die Insel eine Kolonie war und die Einheimischen ausgebeutet und unterdrückt wurden, schien Rosa und ihre Familie nicht zu stören. Mehr besorgten sie die Schlangen und Skorpione, die es besonders Gregor angetan hatten. Er konnte gerade noch vor einer Königskobra und einem Skorpion gerettet werden. Rosa musste ihre Augen überall haben, denn so schön die Insel in ihrer Vielfalt war, für die Kinder lauerten überall Gefahren.

Abb. 9: Rosa mit ihren Kindern auf Borneo. © Gabriele Lübke.

Viele niederländische und deutsche Familien lebten auf Borneo und Rosa fand schnell Anschluss. Sie wurde zu vielen Feierlichkeiten und Empfängen eingeladen. Für die privilegierten weißen Familien der Kolonie wurden durch die Bergbaugesellschaft Ausflüge und Feste organisiert.

Abb. 10: Viele deutsche und niederländische Familien lebten damals auf Borneo. © Gabriele Lübke.

Abb. 11: Kinderfest auf Borneo. Vorne rechts Rosas Sohn Gregor. © Gabriele Lübke.

Nach kurzer Zeit fühlte Rosa sich recht wohl in ihrer neuen Heimat, wenn nur das tropische Klima nicht gewesen wäre. Dieses beeinträchtigte sie sehr und sie wünschte sich in das mitteleuropäische Klima zurück, obwohl sie immer über Regen und Frost geschimpft hatte.

Die Kinder hatten schnell viele neue SpielgefährtInnen. Kinderfeste für die privilegierten Kinder förderten den Zusammenhalt unter ihnen.

Das erste Weihnachten in ihrer neuen Heimat war für Rosa etwas irritierend: Temperaturen um die 27 Grad Celsius und doch weihnachtliche Gesänge in der Siedlung der deutsch-niederländischen Familien. Aber die Kinder freuten sich über ihre Geschenke – egal ob in Europa oder in Asien. Silvester wurde mit den anderen europäischen Familien in einem rauschenden Fest gefeiert. Rosa war glücklich und sie bereute es nicht, ihrem Mann in dieses fremde Land gefolgt zu sein.

Der 11. Januar 1930 hatte so schön begonnen. Sie hatte gemeinsam mit Jean und den Kindern auf der Terrasse ihres Hauses gefrühstückt. Jean war zur Arbeit gegangen und sie spielte mit den Kindern. Dann kam die Nachricht: Es hatte einen Aufstand der Arbeiter im Bergwerk gegeben. Jean und sein niederländischer Kollege waren dabei schwer verletzt worden.

Rosa rannte zum Bergwerk. Jean lag schwer verletzt auf einer Bahre, der Arzt war bei ihm. Sein Gesicht versprach nichts Gutes. Rosa liefen die Tränen auf ihrem Gesicht herunter, als sie neben Jean kniete. Sie nahm seine Hand und sah in seine Augen. Sie wusste, er würde sterben. Jean sagte zu ihr, dass er sie und die Kinder sehr liebe. Sie brauche sich keine Sorgen zu machen, er habe sehr viel Geld an seine Eltern geschickt, die es für ihn und seine Familie verwalten sollten. Noch in seinen letzten Atemzügen sorgte er sich um Rosa und die Kinder. Aber Rosa dachte nicht an das Geld, für sie zählte nur ihr geliebter Mann.

Jean starb mit 29 Jahren in Rosas Armen.

Nun stand die 30-jährige Rosa an Jeans Grab mit ihren beiden kleinen Kindern. Die Beerdigung musste wegen des tropischen Klimas innerhalb weniger Stunden nach dem Tod erfolgen. Auch sein niederländischer Kollege war seinen Verletzungen erlegen.

Abb. 12: Rosa mit ihren Kindern am Grab ihres Mannes 1930 auf Borneo. © Gabriele Lübke.

Für Rosa war eine Welt zusammengebrochen, aber sie musste stark sein für ihre Kinder. Und so löste sie ihren Hausstand auf Borneo auf und fuhr mit ihren Kindern zurück nach Deutschland. Mit ihr gemeinsam fuhren die Frau und die Tochter des ebenfalls ermordeten niederländischen Kollegen.

Abb. 13: Rosa (Mitte) mit Inge und die Angehörigen des ebenfalls ermordeten Kollegen (links) auf der Rückfahrt nach Europa. © Gabriele Lübke.

## Gesetz zur Verhütung erbkranken Nachwuchses – Hintergründe

Als Rosa 1930 aus Südostasien zurückkehrte, beschäftigte sie sich nicht mit der Politik und den Machtverhältnissen in Deutschland. Sie sorgte sich um die Zukunft ihrer Kinder. Die Nationalsozialistische Arbeiterpartei (NSDAP) war inzwischen die zweitstärkste Partei geworden. Die Ideologie und die Einstellung der NSDAP zur „Rassenhygiene" waren Rosa fremd. Rosa ahnte noch nicht, wie sehr sie selbst bald davon betroffen sein würde. Adolf Hitler[24] in „Mein Kampf":

> „Ein völkischer Staat wird damit in erster Linie die Ehe aus dem Niveau einer dauernden Rassenschande herauszuheben haben, um ihr die Weihe jener Institutionen zu geben, die berufen ist, Ebenbilder des Herrn zu zeugen und nicht Mißgeburten zwischen Mensch und Affe. Der Protest dagegen aus sogenannten humanen Gründen steht der Zeit schlecht an, die auf der einen Seite jedem verkommenen Degeneraten die Möglichkeit seiner Fortvermehrung gibt, den Produkten selber als auch den Zeitgenossen unsägliches Leid aufbürdend, während andererseits in jeder Drogerie und sogar bei den Straßenhändlern die Hilfsmittel zur Verhinderung der Geburten bei selbst gesündesten Eltern feilgeboten werden. In diesem heutigen Staate der Ruhe und Ordnung, in den Augen seiner Vertreter, dieser tapferen bürgerlich-nationalen Welt, ist also die Verhinderung der Zeugungsfähigkeit von Syphilitikern, Tuberkulosen, erblich Belasteten, Krüppeln und Kretins ein Verbrechen, dagegen wird die praktische Unterbindung der Zeugungsfähigkeit bei Millionen der Allerbesten nicht

[24] Adolf Hitler (18891945), von 1933 bis 1945 Diktator des Deutschen Reiches.

als etwas Schlechtes angesehen und verstößt nicht gegen die guten Sitten dieser scheinheiligen Gesellschaft, nützt vielmehr der kurzsichtigen Denkfaulheit. Denn andernfalls müßte man sich wenigstens den Kopf darüber zerbrechen, wie die Voraussetzungen zu schaffen seien für die Ernährung und Erhaltung derjenigen Wesen, die als gesunde Träger unseres Volkstums dereinst der gleichen Aufgabe bezüglich des kommenden Geschlechts dienen sollen.“[25]

Hieraus wird sichtbar, wie sich das Leben in Deutschland verändern wird. Am 30. Januar 1933 wurde Hitler zum deutschen Reichskanzler ernannt. Die NSDAP kommt an die Macht.

Am 14. Juli 1933 wird das „Gesetz zur Verhütung erbkranken Nachwuchses“ verabschiedet. Grundlage des Gesetzes war ein Gesetzesentwurf, welcher 1932 vom preußischen Gesundheitsamt unter Federführung von Eugenikern wie Hermann Muckermann[26], Arthur Ostermann[27], dem zweiten Direktor des Berliner Kaiser-Wilhelm-Instituts für Biologie, Richard Goldschmidt[28] und anderen ausgearbeitet wurde. Der Gesetzentwurf aus dem Jahr 1933 war wesentlich radikaler als der Entwurf von 1932, der noch Sterilisation auf freiwilliger Basis vorsah. Nun war auch die Möglichkeit der Zwangssterilisation gegeben, die von Amtsärzten oder Anstaltsleitern der „Kranken-, Heil-, Pflege- oder Strafanstalten“ beantragt werden konnte.[29]

---

[25] Hitler, Adolf: Mein Kampf, VERLAG, München 1932, 15. Aufl., S. 444f (Schreibweise im Original).

[26] Hermann Muckermann (1877–1962), deutscher Biologe und Rassenhygieniker.

[27] Arthur Ostermann (1864–1941), Ministerialrat im preußischen Ministerium für Volkswohlfahrt.

[28] Richard Goldschmidt (1878–1958), deutscher Biologe und Genetiker.

[29] Vgl. Gesetz zur Verhütung erbkranken Nachwuchses: https://de.wikipedia.org/wiki/Gesetz_zur_Verh%C3%BCtung_erbkranken_Nachwuchses (17.07.2018).

In §1 des Gesetzes zur Verhütung erbkranken Nachwuchses wird geregelt, wer unter dieses Gesetz fällt:

> „(1) Wer erbkrank ist, kann durch chirurgischen Eingriff unfruchtbar gemacht (sterilisiert) werden, wenn nach den Erfahrungen der ärztlichen Wissenschaft mit großer Wahrscheinlichkeit zu erwarten ist, daß seine Nachkommen an schweren körperlichen oder geistigen Erbschäden leiden werden.
> (2) Erbkrank im Sinne dieses Gesetzes ist, wer an einer der folgenden Krankheiten leidet:
>
> 1. angeborenem Schwachsinn,
> 2. Schizophrenie,
> 3. zirkulärem (manisch-depressivem) Irresein,
> 4. erblicher Fallsucht,
> 5. erblichem Veitstanz (Huntingtonsche Chorea),
> 6. erblicher Blindheit,
> 7. erblicher Taubheit,
> 8. schwerer erblicher körperlicher Mißbildung.
>
> (3) Ferner kann unfruchtbar gemacht werden, wer an schwerem Alkoholismus leidet.“[30]

Unterschrieben wurde das Gesetz von dem Reichskanzler Adolf Hitler, dem Reichsminister des Innern Wilhelm Frick[31] und dem Reichsminister der Justiz Dr. Franz Gürtner[32]. Das Gesetz trat zum 1. Januar 1934 in Kraft.

---

[30] Gesetz zur Verhütung erbkranken Nachwuchses, §1, 1933 (Schreibweise im Original).

[31] Wilhelm Frick (1877–1946), deutscher Jurist und nationalsozialistischer Politiker, von 1933 bis 1943 Reichsminister des Innern.

[32] Franz Gürtner (1881–1941), deutscher Jurist, von 1932 bis 1941 Reichsjustizminister.

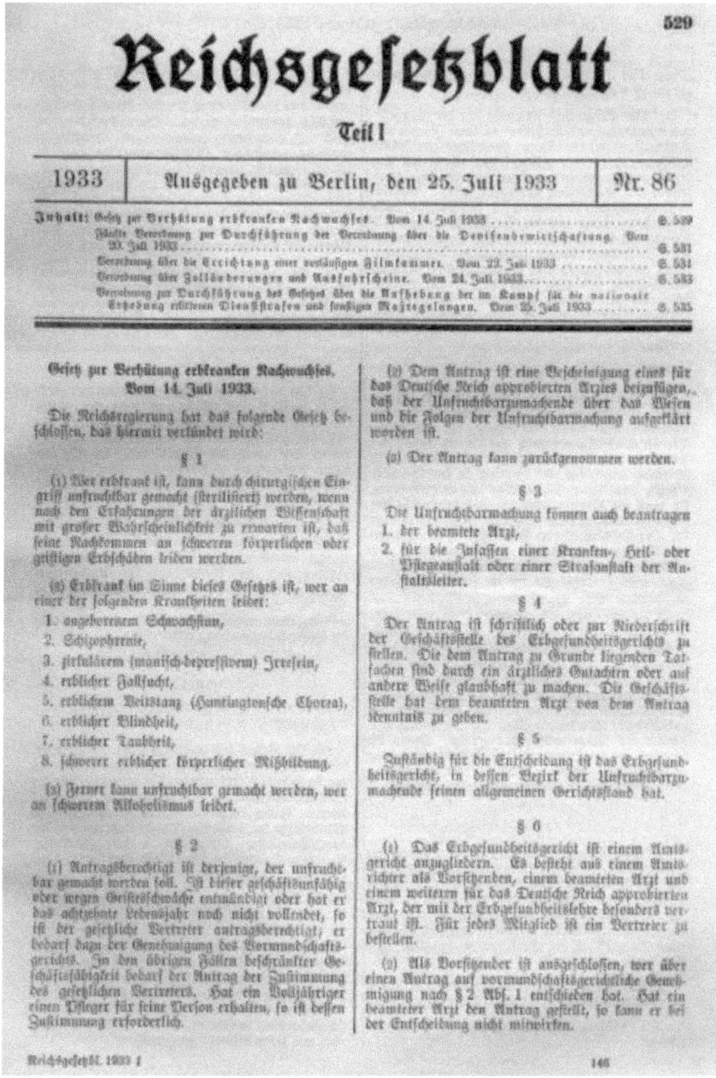

529

# Reichsgesetzblatt

Teil I

| 1933 | Ausgegeben zu Berlin, den 25. Juli 1933 | Nr. 86 |
|---|---|---|

Inhalt: Gesetz zur Verhütung erbkranken Nachwuchses. Vom 14. Juli 1933 ... S. 529
Fünfte Verordnung zur Durchführung der Verordnung über die Devisenbewirtschaftung. Vom 20. Juli 1933 ... S. 531
Verordnung über die Errichtung einer vorläufigen Filmkammer. Vom 22. Juli 1933 ... S. 531
Verordnung über Zolländerungen und Ausfuhrscheine. Vom 24. Juli 1933 ... S. 533
Verordnung zur Durchführung des Gesetzes über die Aufhebung der im Kampf für die nationale Erhebung erlittenen Dienststrafen und sonstigen Maßregelungen. Vom 25. Juli 1933 ... S. 535

Gesetz zur Verhütung erbkranken Nachwuchses.
Vom 14. Juli 1933.

Die Reichsregierung hat das folgende Gesetz beschlossen, das hiermit verkündet wird:

§ 1

(1) Wer erbkrank ist, kann durch chirurgischen Eingriff unfruchtbar gemacht (sterilisiert) werden, wenn nach den Erfahrungen der ärztlichen Wissenschaft mit großer Wahrscheinlichkeit zu erwarten ist, daß seine Nachkommen an schweren körperlichen oder geistigen Erbschäden leiden werden.

(2) Erbkrank im Sinne dieses Gesetzes ist, wer an einer der folgenden Krankheiten leidet:

1. angeborenem Schwachsinn,
2. Schizophrenie,
3. zirkulärem (manisch-depressivem) Irresein,
4. erblicher Fallsucht,
5. erblichem Veitstanz (Huntingtonsche Chorea),
6. erblicher Blindheit,
7. erblicher Taubheit,
8. schwerer erblicher körperlicher Mißbildung.

(3) Ferner kann unfruchtbar gemacht werden, wer an schwerem Alkoholismus leidet.

§ 2

(1) Antragsberechtigt ist derjenige, der unfruchtbar gemacht werden soll. Ist dieser geschäftsunfähig oder wegen Geistesschwäche entmündigt oder hat er das achtzehnte Lebensjahr noch nicht vollendet, so ist der gesetzliche Vertreter antragsberechtigt; er bedarf dazu der Genehmigung des Vormundschaftsgerichts. In den übrigen Fällen beschränkter Geschäftsfähigkeit bedarf der Antrag der Zustimmung des gesetzlichen Vertreters. Hat ein Volljähriger einen Pfleger für seine Person erhalten, so ist dessen Zustimmung erforderlich.

(2) Dem Antrag ist eine Bescheinigung eines für das Deutsche Reich approbierten Arztes beizufügen, daß der Unfruchtbarzumachende über das Wesen und die Folgen der Unfruchtbarmachung aufgeklärt worden ist.

(3) Der Antrag kann zurückgenommen werden.

§ 3

Die Unfruchtbarmachung können auch beantragen

1. der beamtete Arzt,
2. für die Insassen einer Kranken-, Heil- oder Pflegeanstalt oder einer Strafanstalt der Anstaltsleiter.

§ 4

Der Antrag ist schriftlich oder zur Niederschrift der Geschäftsstelle des Erbgesundheitsgerichts zu stellen. Die dem Antrag zu Grunde liegenden Tatsachen sind durch ein ärztliches Gutachten oder auf andere Weise glaubhaft zu machen. Die Geschäftsstelle hat dem beamteten Arzt von dem Antrag Kenntnis zu geben.

§ 5

Zuständig für die Entscheidung ist das Erbgesundheitsgericht, in dessen Bezirk der Unfruchtbarzumachende seinen allgemeinen Gerichtsstand hat.

§ 6

(1) Das Erbgesundheitsgericht ist einem Amtsgericht anzugliedern. Es besteht aus einem Amtsrichter als Vorsitzenden, einem beamteten Arzt und einem weiteren für das Deutsche Reich approbierten Arzt, der mit der Erbgesundheitslehre besonders vertraut ist. Für jedes Mitglied ist ein Vertreter zu bestellen.

(2) Als Vorsitzender ist ausgeschlossen, wer über einen Antrag auf vormundschaftsgerichtliche Genehmigung nach § 2 Abs. 1 entschieden hat. Hat ein beamteter Arzt den Antrag gestellt, so kann er bei der Entscheidung nicht mitwirken.

Reichsgesetzbl. 1933 I    146

Abb. 14: Reichsgesetzblatt Nr. 86, 1933,
Quelle: https://commons.wikimedia.org/wiki/File:Reichsgesetz-blatt_25_Juli_1933.jpg?uselang=de-formal (03.10.2018)

Der regierungsamtliche Kommentar von Arthur Julius Gütt[33], Ernst Rüdin[34] und Falk Alfred Ruttke[35] beruft sich auf ein Zitat aus Hitlers „Mein Kampf"[36]:

> „Wer körperlich und geistig nicht gesund und würdig ist, darf sein Leid nicht im Körper seines Kindes verewigen. Der Staat muß dafür Sorge tragen, daß nur, wer gesund ist Kinder zeugen darf."[37]

Die „Rassenhygieniker" sehen ihre Theorien bestätigt. Aufgrund dieses „Gesetzes zur Verhütung erbkranken Nachwuchses" konnten Menschen gegen ihren eigenen Willen unfruchtbar gemacht werden. Zu Anträgen auf Zwangssterilisation, die von Ärzten und Anstaltsleitern gestellt wurden, verfassten die „Beratungsstellen für Erb- und Rassenpflege des Gesundheitsamts" Gutachten. Die „Erbgesundheitsgerichte", die flächendeckend eingerichtet worden waren, entschieden über die Anträge. Die Operationen wurden in ausgewählten Krankenhäusern durchgeführt, so auch in der Klinik Lindenburg in Köln.[38]

Zu den Opfern der Zwangssterilisierungen gehörten psychisch kranke Menschen, Menschen mit körperlichen Behinderungen und andere, von den Nationalsozialisten als „minderwertig" angesehene Menschen, wie zum Beispiel AlkoholikerInnen.[39]

---

[33] Arthur Julius Gütt (1891–1949), deutscher Arzt und Eugeniker.
[34] Ernst Rüdin (1874–1952), schweizerisch-deutscher Psychiater, Humangenetiker und Rassenhygieniker.
[35] Falk Alfred Ruttke (1894–1955), deutscher Jurist.
[36] Vgl. Klee 2014, S. 40.
[37] Vorwort zum Gesetz zur Verhütung erbkranken Nachwuchses, S. 5. Zitat aus: Klee 2014, S. 40 (Schreibweise im Original).
[38] Vgl. NS-Dokumentationszentrum der Stadt Köln: https://museenkoeln.de/ns-dokumentationszentrum/ (21.10.2020).
[39] Vgl. T4-Denkmal: Zwangssterilisation, https://www.t4-denkmal.de/Zwangssterilisation (18.07.2018).

In einem Bericht der Heil- und Pflegeanstalt Galkhausen an den Oberpräsidenten der Rheinprovinz vom 9. März 1937 wurde Folgendes über die Sterilisationen an Galkhauser PatientInnen festgehalten:

> „Gesamtzahl der ab 1.4.1934 - 28.2.1937 auf Grund des Gesetzes zur Verhütung erbkranken Nachwuchses erfolgten
> a) Anzeigen: 1425, davon 566 bei Männern + 859 bei Frauen
> b) Anträge (mit ärztlichen Gutachten): 619, davon 326 bei Männern + 293 bei Frauen
> c) Beschlüsse des Erbgesundheitsgerichtes
> aa) auf Anordnung der Unfruchtbarmachung: 588, davon 312 bei Männern und 276 bei Frauen,
> bb) auf Ablehnung der Unfruchtbarmachung: 10, davon 3 bei Männern und 7 bei Frauen.
> d) Durchführung der Unfruchtbarmachung: 582, davon 308 bei Männern und 274 bei Frauen.“[40]

Das „Gesetz zur Verhütung erbkranken Nachwuchses“ wurde in den nächsten Jahren mehrmals verschärft. 1935 wurde der Schwangerschaftsabbruch bei diagnostizierter Erbkrankheit legalisiert. 1938 kam die „rassische“ und 1943 die ethnischen Indikationen hinzu. Im Nationalsozialismus wurden bis zu 400.000 Menschen zwangssterilisiert. Da diese Operationen nicht ganz ungefährlich waren, starben über 6.000 Menschen an dieser zwangsweisen Unfruchtbarmachung.[41]

---

[40] Dokument aus dem LVR-Archiv Brauweiler.
[41] Vgl. T4-Denkmal: Zwangssterilisation, https://www.t4-denkmal.de/Zwangssterilisation (18.07.2018).

# Ausgrenzung

## Allein mit allen Sorgen

Das Schiff hatte im italienischen Hafen von Genua einen Motorschaden. Die niederländische Gesellschaft, bei der Rosas Mann Jean gearbeitet hatte, organisierte einen Taxi-Transfer nach Würselen für die Witwe und die Kinder. Die Kinder mögen die Autofahrt genossen haben, aber hatte Rosa einen Blick für die Landschaften, an denen sie vorbeifuhren? Vermutlich waren ihre Augen mit Tränen gefüllt und sie trauerte um ihren geliebten Mann und hatte Angst vor der Zukunft. Was würde sie nun erwarten?

Rosa konnte vorerst mit ihren Kindern bei ihrem jüngeren Bruder Hermann in Würselen wohnen, sie wollte sich aber sofort eine eigene Wohnung suchen, denn ihre Schwägerin machte ihr das Leben schwer. Sie wollte Rosa vorschreiben, wie sich diese als Witwe zu benehmen habe. Auch Hermann bevormundete sie, insbesondere in Vermögensangelegenheiten.

Rosa nahm mit ihren Schwiegereltern Kontakt auf, um an das Erbe ihres Mannes zu kommen. Aber diese weigerten sich, ihr das Geld auszuhändigen. Auch die Lebensversicherung, die Jeans Arbeitgeber für ihn abgeschlossen hatte, hatten sie bereits für sich mit dem Argument angefordert, sie würden Rosa eine Wohnung einrichten, damit sie ein Heim habe, wenn sie nach Deutschland zurückkomme. Dies war aber nicht erfolgt.

Es schien, als ob die Schwiegereltern Rosa die Schuld am Tod von Jean gaben. Die Schwiegermutter äußerte sogar gegenüber Rosas Bruder Josef, dass es schrecklich wäre, dass ihr Sohn gestorben sei. Es wäre doch besser gewesen, Rosa wäre gestorben.

Abb. 15: Rosa mit ihren Kindern Gregor und Inge in Würselen, ca. 1930/31. © Gabriele Lübke.

Rosa gelang es mit Hilfe eines Rechtsanwaltes, das Geld der Lebensversicherung zu erhalten. Das Geld, das Jean für sie und die Kinder an seine Eltern gesandt hatte, erhielt sie jedoch nicht. Sie konnte aber trotz allem gut für sich und die Kinder sorgen, da sie eine Pension für sich und ihre Kinder aus den Niederlanden bekam. Außerdem hatte sie eigenes Vermögen aus dem Erbe ihrer Eltern. Ihre finanzielle Zukunft war dadurch gesichert. Sie richtete für sich und die Kinder in Würselen eine Wohnung ein und hoffte nun, etwas zur Ruhe kommen zu können. Aber es kam noch schlimmer.

Ihre Tochter Inge war erkrankt und benötigte ihre ganze Fürsorge. Aber auch Gregor benötigte ihre Aufmerksamkeit. Er war ein liebes Kind, aber er war noch so jung. Inge hatte die ersten Krankheitssymptome bereits auf der Rückfahrt nach Deutschland gezeigt. Als Rosa mit ihr in Deutschland zum Arzt ging, bestätigten sich ihre Ängste: Inge hatte sich mit Malaria infiziert. Die Fieberkrämpfe kamen immer häufiger, die Organe wurden angegriffen und Inge musste stationär im Krankenhaus behandelt werden. Rosa verbrachte viel Zeit bei ihrer Tochter. Gregor war währenddessen bei seinem Onkel Josef und spielte mit seinem Vetter Walter, der im gleichen Alter war wie er.

Am 25. November 1931 starb die sechsjährige Inge im Krankenhaus in Bardenberg[42].

Rosa beerdigte ihre Tochter in Würselen. Sie hatte innerhalb von sieben Jahren ihren Vater, ihre Mutter, ihren Mann und ihre kleine Tochter verloren. Erneut brach eine Welt für sie zusammen und trotzdem musste sie stark für ihren Sohn Gregor sein, den einzigen Menschen, den sie noch hatte und für den sie nun allein verantwortlich war.

---

[42] Bardenberg gehört seit 1972 zu Würselen.

Abb. 16:
Inges Grab auf dem
Friedhof in Würselen.
© Gabriele Lübke.

Sie hatte zwar drei Brüder, aber ihr älterer Bruder Karl war im Ersten Weltkrieg in Frankreich verschüttet worden und lebte wegen seinen daraus resultierenden Angstzuständen in der Heil- und Pflegeanstalt in Düren.[43] Bei ihrem Bruder Hermann und seiner Familie fühlte sie sich nicht wohl, sondern hatte eher Angst vor Hermann, da er sie stark bevormundete. Und Josef und seine Frau waren zwar sehr lieb zu ihr, aber auch sie hatten zwei kleine Kinder und dadurch wenig Zeit.

[43] Karl Droste hat den Nationalsozialismus überlebt und starb 1952. Über seine Zeit in der Heil- und Pflegeanstalt Düren ist nichts bekannt.

## Propaganda der Ausgrenzung – Hintergründe

Rosa hatte unendliches Leid erlitten und keiner half ihr in ihrer Trauer. Sie ahnte nicht, dass sie in naher Zukunft in die Maschinerie des perfiden Systems des Nationalsozialismus geraten und man sie als „Ballast“ für die Volksgemeinschaft ansehen würde.

In seinem Buch „Mein Kampf“ beschrieb Hitler bereits 1924 eine Strategie für die spätere nationalsozialistische Propaganda. Für ihn musste Propaganda sich hauptsächlich an das Gefühl richten und weniger an den Verstand. Propaganda müsse sich an alle richten, so dass jeder und jede sie verstehen könne. Dabei ging er von der manipulativen Wirkung der Propaganda aus.[44]

1933 wurde ein Propagandaprogramm gestartet, um die Akzeptanz in der Bevölkerung bezüglich „rassenhygienischer“ Maßnahmen zu stärken. Ärzte und Pflegepersonal aus Krankenhäusern und Pflegeanstalten wurden geschult, damit sie die „rassenhygienischen“ Maßnahmen mittrugen. Die Bevölkerung wurde durch Zeitschriften, Plakate, Filme und Ausstellungen manipulativ mit der „Rassenhygiene“ konfrontiert. Sogar im Schulunterricht beschäftigten sich Kinder mit diesem Thema.[45]

Die Pflegeanstalten organisierten für verschiedene BesucherInnengruppen Führungen und Vorträge. So wurden von 1933 bis Februar 1937 in 22 Führungen insgesamt 491 Teilnehmende durch die Heil- und Pflegeanstalt Galkhausen geführt. Zu den BesucherInnen zählten Referendargemeinschaften des Landgerichtes Köln, BeamtInnen von Gesundheitsämtern, Wohlfahrts- und Landratsämtern so-

[44] Vgl. Hitler 1933. Zitiert aus: Nationalsozialistische Propaganda: https://de.wikipedia.org/wiki/Nationalsozialistische_Propaganda (20.07.2018).
[45] Vgl. Nationalsozialistische Rassenhygiene: https://de.wikipedia.org/wiki/Nationalsozialistische_Rassenhygiene (20.07.2018).

wie Leiterinnen der NS-Frauenschaft, medizinisch-technische Assistentinnen, Teilnehmer von Gauführerschulen, Jungmannen und Erzieher der Nationalpolitischen Erziehungsanstalt sowie PrimanerInnen und AbiturientInnen.[46]

In einem Bericht der Heil- und Pflegeanstalt Galkhausen an den Oberpräsidenten der Rheinprovinz vom 9. März 1937 wurde Folgendes über die Führungen durch die Anstalt festgehalten:

> „Sämtliche Führungen wurden durch Vorträge über das Wesen der Geisteskranken und der Anstalten eingeleitet und beschlossen wiederum durch Vorträge über die Bedeutung und Ausbreitung von Geisteskrankheiten, insbesondere der vererbbaren, über die dadurch bedingte wirtschaftliche Belastung und die Gefahr für das Volk, über die rassenhygienischen und bevölkerungspolitischen Massnahmen unseres Staates und über unsere Mitarbeit auf diesem Gebiete. Häufiger erfolgten auch Krankenvorstellungen.“[47]

Abb. 17: Propagandagrafik „Qualitativer Bevölkerungsabstieg“. © Gedenkstätte Grafeneck e.V.

[46] Dokumente aus dem LVR-Archiv Brauweiler.
[47] Dokument aus dem LVR-Archiv Brauweiler.

Am 23. März 1935 wurde die Ausstellung „Das Wunder des Lebens“ in Berlin eröffnet. Eine beindruckende Ausstellung, die gleichzeitig zur Rechtfertigung der nationalsozialistischen „Rassenhygiene“ genutzt wurde. Auf Schautafeln wurde für die Besucherinnen und Besucher „wissenschaftlich“ dokumentiert, dass behinderte Menschen den Staat durch hohe Kosten schwächten und sich überdimensional zur „gesunden Bevölkerung“ vermehrten.[48] Alles wurde aus der Sicht einer Kosten-Nutzen-Analyse betrachtet.

Abb. 18: Propagandagrafik „Hier trägst Du mit“. © Gedenkstätte Grafeneck e.V.

[48] Vgl. WDR Stichtag 23.03.2010: https://www1.wdr.de/stichtag/stichtag5134.html (20.07.2018).

Bereits im Schulunterricht wurden die „Gesunden“ gegen die „Kranken“ aufgehetzt, wie die Mathematikaufgaben aus dem Lehrbuch „Mathematik im Dienste nationalpolitischer Erziehung“ aus 1936 zeigen:

> „Der Bau einer Irrenanstalt erfordert 6 Millionen Reichsmark. Wie viele Siedlungshäuser zu je 15.000 Reichsmark (RM) hätte man dafür bauen können?“[49]

> „Ein Geisteskranker kostet täglich RM 4.-, ein Krüppel RM 5.50, ein Verbrecher RM 3.50. In wievielen Fällen hat ein Beamter täglich nur etwa RM 4.-, ein Angestellter kaum RM 3.50, ein ungelernter Arbeiter noch keine RM 2.- auf den Kopf der Familie.
> a) Stelle diese Zahlen bildlich dar. Nach vorsichtiger Schätzung sind in Deutschland 300.000 Geisteskranke, Epileptiker usw. in Anstaltspflege.
> b) Was kosten diese jährlich insgesamt bei einem Satz von RM 4.-?
> c) Wieviel Ehestandsdarlehen zu je RM 1000.- könnten - unter Verzicht auf spätere Rückzahlung - von diesem Geld jährlich ausgegeben werden?“[50]

Die nationalsozialistische Ideologie wurde in den Wochenschauen, in Unterrichts-, Kultur- und Dokumentarfilmen verbreitet. Filme, die sich mit der „rassenhygienischen“ Ideologie gegenüber psychisch kranken und behinderten Menschen beschäftigten, waren zum Beispiel „Das Erbe“ (1935), „Erbkrank“ (1936), „Opfer der Vergangenheit“ (1937), „Alles Leben ist Kampf“ (1937) und „Was du ererbst“ (1939). Um die Krankenmorde zu rechtfertigen, erschien 1941 der Spielfilm „Ich klage an“ (1941). Der Weg war bereitet für die Vernichtung der Menschen in den Heil- und Pflegeanstalten.

---

[49] Dorner, Adolf: Mathematik im Dienste nationalpolitischer Erziehung, Diesterweg Verlag, Frankfurt am Main 1936, S. 20.
[50] Dorner, Adolf: Mathematik im Dienste nationalpolitischer Erziehung, Diesterweg Verlag, Frankfurt am Main 1936, S. 42.

# Leben zwischen den Welten

## Zwischen Angst und Sorge

Nach dem Tod ihrer Tochter Inge zog Rosa sich zurück. Sie war zutiefst traurig und weinte viel. Schleichend überkam sie eine Depression. Nichts Ungewöhnliches in der Trauer. Sie ging oft in die Kirche, um zu beten und um ihren Verstorbenen etwas näher zu sein. In der Kirche St. Sebastian in Würselen fand sie im Gebet etwas Ruhe.

Für Rosa war es besonders wichtig, anderen Menschen zu helfen, die weniger hatten als sie. Ihr bereitete es Freude, armen Menschen etwas zu geben – ganz zum Missfallen ihres Bruders Hermann. In gewisser Weise hatte sie den Eindruck, dass Hermann ihr ihre unabhängige finanzielle Situation neidete.

Um sich etwas abzulenken, fuhr sie mit Gregor ins Sauerland, um Verwandte zu besuchen. Dem Jungen tat die Veränderung gut. Hier konnte er spielen und toben. Er fand schnell Freunde, die mit ihm Fußball spielten. Auch Rosa genoss nach langer Zeit wieder ihre Umgebung.

Abb. 19: Rosa mit ihrem Sohn Gregor. © Gabriele Lübke.

Doch immer wieder überkamen Rosa Depressionen und Weinkrämpfe. Besonders schlimm waren für sie die Geburts- und Sterbetage von Inge und Jean. Aber auch Weihnachten konnte sie nicht wie andere feiern, da ihr ihr Mann und ihre Tochter so sehr fehlten. Wahrscheinlich wäre sie ohne Gregor an solchen Tagen nicht aus dem Bett aufgestanden. Mit ihrer Trauer um ihren Mann und ihre Tochter war sie allein. Keiner war für sie da und half ihr, ihren seelischen Schmerz zu lindern.

Weihnachten 1932, ein Jahr nach Inges Tod, überkamen sie wieder die Weinkrämpfe. Ihr Bruder Hermann zeigte kein Verständnis für sie: Sie solle sich zusammenreißen. Als die Weinkrämpfe nicht aufhörten, brachte er Rosa in eine Heil- und Pflegeanstalt in der

Nähe von Aachen. Diesem Aufenthalt folgten in Abständen weitere Aufenthalte in verschiedenen Krankenhäusern und Heilanstalten, unter anderem in Eupen, Dorsten, Ückerath und Waldbreitbach.

Ihr Bruder Hermann wurde als ihr gesetzlicher Pfleger und als Vormund ihres Sohnes eingesetzt. Rosa hatte versucht, dies zu verhindern und andere Familienangehörige oder Bekannte als gesetzliche Pfleger für sich und als Vormund für ihren Sohn einsetzen zu lassen. Auch ihr Bruder Josef setzte sich dafür ein, dass Hermann nicht zum Pfleger berufen werden sollte. Josef schrieb einen Brief an das zuständige Amtsgericht. Leider ohne Erfolg.

In einem Brief aus dem Jahre 1933 rühmte Hermann sich damit, dass er die Pflegschaft erhalten hatte: „Wer hat gesiegt? Wer war der Bessere? Ich bin Pfleger geworden“[51]. In diesem Brief schilderte er, dass Rosa immer wieder versucht hatte, aus den Pflegeheimen zu entkommen. Und er stellte sich selbst in ein positives Licht: Was er doch alles für Rosa „erleiden musste“. Der Brief wirkt wie eine Rechtfertigung, da Josef sich inzwischen gegen ihn stellte und sich für Rosa einsetzte. Hermann schrieb in diesem Brief, dass er Josef auf das Schreiben an das Amtsgericht angesprochen hätte. Als Antwort hatte er von seinem Bruder Josef erhalten: „Das habe ich aus vollem Herzen gemacht.“

Hermann warf Rosa Verschwendung vor, da sie sich gerne elegant kleidete, schminkte und Parfum verwendete. Aber warum sollte sie, die so viel Leid erlitten hat, sich nicht auch etwas gönnen? Sie war eine junge und schöne Frau. (Von einer Verwandten wurde sie 2015, auf der Beerdigung von Gregor, mit Greta Garbo und Marlene Dietrich verglichen.)

Rosa hatte Angst um ihr Vermögen, das sie für die Ausbildung ihres Sohnes einsetzen wollte. In einem Brief an Hermann warf sie

---

[51] Der Adressat war ein Josef. Dieser war aber nicht Rosas Bruder.

ihm vor, Geld veruntreut zu haben. Sie forderte ihn auf, ihr die Unterlagen über ihr Vermögen auszuhändigen:

> „Dorsten, den 21.9.1933
> Ihr Lieben!
> Habe heute Morgen den Koffer erhalten, aber die Aufstellung mit Quittungen vermisse ich, wo ich so drauf warte und mitgehen wollte. Also bitte sofort, denn Du hast mirs so versprochen. Was will ich übrigens mit 30 Rm machen. Hermann. Du sagtest, Ihr wäret der Fr. Gorgels aus dem Weg gegangen, Gregor sagte aber, Ihr seid öfters dort gewesen und sie auch zu Euch gekommen. Kannst mir nicht verübeln, wenn ich mißtrauisch bin. Du weißt auch, daß noch 80 Rm in Bad Breitbach bezahlt werden müssen. Ich weiß, was ich will, glaub mir das nur. Brauchst dem Vormundschaftsgericht nichts vorzulegen, ich mache selbst. Schicke mir daher die Aufstellung und Quittung. Ich finde die Summe 3000 Rm denn doch übertrieben. Über das Doppelte an Nebenauslagen wie Waldbreitbach 1300 Rm mit Arzt, Aachen dabei Eupen 15,00Rm[52]. Hermann ich bin es meinem Kind schuldig. Du würdest es auch so machen oder noch 50 Prozent schlimmer. Du brauchst es nicht auf meinen Zustand zurückzuführen, ich bin vielleicht grad so helle wie Du.
> Mein dicker Mantel und von Gregor noch eine hellblaue Bluse könnt Ihr schicken, denn Du wolltest ja mich erst forthaben, sonst hätte ich alles besorgt.
> Ich erwarte gleich Aufstellung, sonst muß ich es auf andere Art. Für eure Mühe rechne ich die Sachen, die Ihr Kartoffeln, Eingemachtes ohne Gläser, Kohlen, Holz und Sachen für Weihnachten.
> Für Gregor lasse ich dann Preis setzen.
> Verbleibe mit Gruß gez. Rosa“[53]

---

[52] Anmerkung: Hier scheint ein Kommafehler vorzuliegen; wahrscheinlich sind 1500 Reichsmark gemeint.
[53] Brief liegt als Abschrift der Autorin vor (Schreibweise im Original).

Trotz aller Einwände durch Josef und Rosa blieben Pflegschaft und Vormundschaft noch einige Jahre – wahrscheinlich bis 1937 – bei Hermann.

Immer wieder kehrte Rosa für einige Zeit aus den Heil- und Pflegeanstalten zurück nach Würselen zu ihrem Sohn; oft gegen den Willen ihres Bruders. Ihre Wohnung hatte sie behalten, so dass sie nicht bei Hermann wohnen musste.

Sie bemühte sich sehr um Gregor und wollte ihm eine gute Ausbildung ermöglichen. Dies wollte sie selbst in die Hand nehmen und nicht ihrem Bruder überlassen, bei dem Gregor während ihrer Abwesenheit lebte. Gregor entwickelte sich positiv. Bisher hatte Rosas Krankheit keine offensichtlichen Auswirkungen auf seine Entwicklung. Leider konnte sie wegen ihrer Krankheit nicht an Gregors Einschulung teilnehmen, da sie wieder für einige Zeit in einer Klinik war.

Abb. 20: Einschulung von Gregor (oberste Reihe, 2. von links), 1933 © Gabriele Lübke.

Besonders traurig und schmerzhaft war für Rosa die erste heilige Kommunion von Gregor. Es sollte ein ganz besonderer Tag für ihn werden. Auch Gregors Cousin väterlicherseits ging an diesem Tag in St. Sebastian in Würselen zur Kommunion. Seit ihrer Rückkehr aus Borneo und dem Streit um Jeans Erbe sah sie zum ersten Mal ihre Schwiegermutter wieder. Diese würdigte Rosa und Gregor mit keinem Blick und kümmerte sich nur um ihr anderes Enkelkind. Gregor tat Rosa leid. Nicht nur sie musste leiden, sondern auch ihr Kind. Sie machte sich große Sorgen um Gregor, da sie nicht immer für ihn da sein konnte, um ihn zu beschützen. Ihr Bruder Hermann schürte diese Angst, indem er sie unter Druck setzte, die Pflegschaft nicht in Zweifel zu ziehen. So sollte Rosa zum Beispiel mit anderen Menschen nicht über ihre Krankheit und ihre Verwandten reden, da man sonst auch sie für geisteskrank halten würde.

Rosa wollte nicht, dass Gregor wegen ihr leiden musste. Ihre Sorge spiegelt sich in einem Brief wider, den sie Gregor im Juli 1935 aus einem Sanatorium in Ückerath schrieb:

> „Mein liebes gutes Kind.
> Schon so lange hätte ich Dir einen kleinen Brief gesandt, aber die Angst, Dir könnte ein Leid geschehen, hat mich davon abgehalten. Ich denke, daß Du recht gesund bist! Und wie würde ich mich freuen, einige Zeilen, die du selbst geschrieben hast, lesen zu können. Bald sind ja auch die großen Ferien, wie gerne würde ich mit Dir verreisen. Bete mal ganz fleißig, dann wird es vielleicht werden. Ich schicke Dir, sobald ich kann, ein schönes Paket. Sei Du mir recht herzlich gegrüßt und geküsst von Deiner Dich liebenden Mutter“

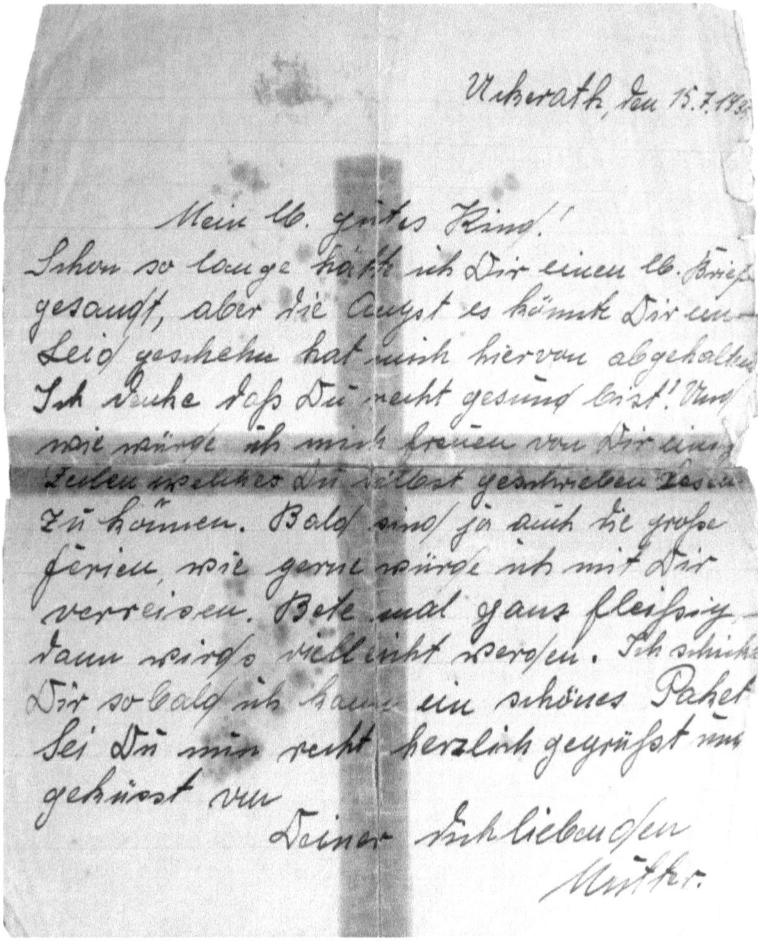

Uekerath, den 15.7.1935

Mein lb. gutes Kind!
Schon so lange hätte ich Dir einen lb. Brief gesandt, aber die Angst es könnte Dir ein Leid geschehen hat mich hiervon abgehalten. Ich denke daß Du recht gesund bist! Und wie würde ich mich freuen von Dir einige Zeilen welches Du selbst geschrieben lesen zu können. Bald sind ja auch die große Ferien, wie gerne würde ich mit Dir verreisen. Bete mal ganz fleißig dann wird's vielleicht werden. Ich schicke Dir sobald ich kann ein schönes Paket. Sei Du nun recht herzlich gegrüßt und geküsst von

Deiner dich liebenden
Mutter.

Abb. 21: Brief vom 15.07.1935 aus der Heil- und Pflegeanstalt in Ükerath. © Gabriele Lübke.

1935 lernte Rosa bei einem Aufenthalt in einem Sanatorium in Waldbreitbach einen Rechtsanwalt aus Köln kennen, der ihr zuhörte und ihr helfen wollte, damit sie wieder in Ruhe leben konnte, ohne Sanatorien und ohne die Pflegschaft ihres Bruders. Der Anwalt wollte sowohl ihren Bruder Hermann als auch die Sanatorien wegen Freiheitsberaubung verklagen. Er holte Rosa aus dem Sanatorium und besorgte ihr eine Wohnung in Köln. Rosa holte Gregor bei ihrem Bruder ab und nahm ihn zu sich.

Aber ihre Depressionen hörten nicht auf; sie wurde immer stiller, zog sich immer mehr zurück. Hinzu kamen die Ängste um Gregor und der Druck ihres Bruders. Sie hatte Angst, dass man Gregor sterilisieren würde, damit die „Geisteskrankheit“ sich nicht vererben konnte. Man hatte ihr gesagt, dass auch Kinder von „Geisteskranken“ nach einem neuen Gesetz gefährdet waren, da man davon ausging, dass psychische Krankheiten sich vererben und auf die Kinder übertragen würden.

Am 9. März 1936 wurde sie in die Klink Lindenburg in Köln eingewiesen. Da sie bei den Untersuchungen auf die Ärzte einen verwirrten Eindruck machte, wurde sie am 12. März 1936 in die Heil- und Pflegeanstalt Galkhausen gebracht.

Die Heil- und Pflegeanstalt Galkhausen war die vorletzte Station in Rosas Leben. Als sie dort eingeliefert wurde, dachte sie, der Aufenthalt dort wäre nur für kurze Zeit. Doch bis kurz vor ihrer Ermordung 1941 würde sie diese Anstalt nicht mehr verlassen.

## Die Heil- und Pflegeanstalt Galkhausen – Hintergründe

Viele Jahrhunderte wurden in Europa behinderte und psychisch kranke Menschen als „Narren“ bezeichnet und in Zuchthäusern, Arbeitshäusern und in „Tollhäusern“ untergebracht. Die Bedingungen in diesen Anstalten waren menschenunwürdig. Bettler, Vagabunden, Arbeitslose, politisch Auffällige, Dirnen und psychisch und körperlich behinderte Menschen wurden vom „normalen“ Leben ausgegrenzt und mit Strafgefangenen zusammen eingesperrt. Medizinische Versorgung für psychisch kranke und behinderte Menschen kannte man nicht.

Erst Anfang bis Mitte des 19. Jahrhunderts wurden in Deutschland sogenannte „Irrenhäuser“[54] eingerichtet. Man behandelte die Kranken jetzt als Menschen; sie hatten einen Rechtsanspruch auf ärztliche Hilfe.[55] Im Rheinland kam es Ende des 19. Jahrhunderts zur Planung und Errichtung von Heil- und Pflegeanstalten, die nicht mehr wie die reinen Verwahranstalten von früher waren. Zu diesen gehörte auch die Heil- und Pflegeanstalt Galkhausen in Langenfeld.[56]

Die Heil- und Pflegeanstalt Galkhausen wurde nach dem Vorbild der Heil- und Pflegeanstalt in Alt-Scherbitz in Sachsen errichtet, die damals zu den modernsten und fortschrittlichsten der Psychiatrieanstalten in Deutschland gehörte und die Patientinnen und Patienten mit der geringstmöglichen Beschränkung ihrer Freiheit betreute.[57] Die Größe des ehemaligen Gutes Galkhausen ermöglichte es, die Gebäude großzügig auf dem Gelände zu verteilen und

---

[54] Der Begriff war zur damaligen Zeit noch nicht negativ belastet.
[55] Vgl. Psychiatrische Klinik: https://de.wikipedia.org/wiki/Psychiatrische_Klinik (22.07.2018).
[56] Vgl. Landschaftsverband Rheinland: https://www.lvr.de/ (22.07.2018).
[57] Vgl. Chronik des Landeskrankenhauses Langenfeld 1879–1960, S. 4.

als eine neue, vom Ackerbau als Therapie geprägte Anstalt aufzubauen. Eine Anstaltskirche wurde errichtet. Die Gebäude hatten Strom- und Wasserversorgung und wurden durch eine Zentralheizung beheizt. Dies war neu im Anstaltsbau. Baubeginn war 1897 und die ersten Patientinnen und Patienten zogen am 1. März 1900 ein. Die Heil- und Pflegeanstalt war für 800 Patientinnen und Patienten vorgesehen.[58]

Das Verhältnis von Ärzten und Ärztinnen sowie dem Pflegepersonal zu den Patientinnen und Patienten war in der Heil- und Pflegeanstalt Galkhausen in den Jahren bis zum Beginn des Nationalsozialismus geprägt von Humanität und Fürsorge. Die behandelnden Ärzte wurden so zum Beispiel 1911 angewiesen, darauf zu achten, dass die Patientinnen und Patienten in „vorschriftsmäßig-humanster" Weise behandelt würden. Die Ärzte sollten sich in geselliger Weise den Kranken widmen. Dieses bezog sich zum Beispiel auf Literatur, Spiele und Unterhaltung, aber auch auf das Miteinander der Patientinnen und Patienten bei Ausflügen und Festlichkeiten.[59]

„Die 48 Pflegerinnen und Pfleger, mit welchen Galkhausen eröffnet wurde, sollten keine ‚Irrenwächter' sein, sondern Personen, die sich mit Freundlichkeit und Aufmerksamkeit den Kranken zuwenden."[60] Dies wurde 1912 in die Hausordnung der Heil- und Pflegeanstalt übernommen.[61]

1906 besuchte ein gewisser Dr. Hoppe die Heil- und Pflegeanstalt Galkhausen. Nach seinem Besuch lobte er deren Fortschrittlichkeit: Es gab keine Mauern und vergitterten Fenster; jeder und

---

[58] Vgl. LVR-Klinik Langenfeld: https://de.wikipedia.org/wiki/LVR-Klinik_Langenfeld (21.07.2018).
[59] Chronik des Landeskrankenhauses Langenfeld 1879–1960, S. 19.
[60] Chronik des Landeskrankenhauses Langenfeld 1879–1960, S. 22.
[61] Chronik des Landeskrankenhauses Langenfeld 1879–1960, S. 32.

jede hatte Zugang zur Anstalt. Die Kranken machten auf ihn einen ruhigen und zufriedenen Eindruck. Er berichtete von der Arbeit der Kranken an der frischen Luft in der Landwirtschaft, von Theatervorstellungen, Spielen im Freien und Ausflügen. Er rühmte die Sauberkeit, die Helligkeit und die Gemütlichkeit der Räume.[62]

Abb. 22: Die Heil- und Pflegeanstalt Galkhausen. Jahr unbekannt © LVR-Klinik.

Im Ersten Weltkrieg und zur Besatzungszeit wurde die Anstalt anderweitig genutzt. Ab 1926 wurde sie wieder ihrer ursprünglichen

[62] „Chronik des Landeskrankenhauses Langenfeld 1879–1960, S. 38f.

Funktion zugeführt. 1928 wurde Dr. Georg Beyerhaus[63] zum Direktor der Heil- und Pflegeanstalt Galkhausen benannt. Er leitete die Anstalt bis zu seinem Tod im April 1941.[64]

Diese fast als „idyllisch“ anmutende Atmosphäre der Heil- und Pflegeanstalt Galkhausen in der Gründungszeit und in den Folgejahren änderte sich mit dem Machtantritt der Nationalsozialisten.

Die um 1900 für 800 Patientinnen und Patienten errichtete Heil- und Pflegeanstalt Galkhausen wurde zu Beginn des Zweiten Weltkrieges stark überbelegt. Die Belegungszahlen[65] fielen aber rapide ab mit der Verlegung der Patientinnen und Patienten in die Tötungsanstalten:[66]

| | |
|---|---|
| 1938 | 1.671 Patientinnen und Patienten |
| 1939 | 1.825 Patientinnen und Patienten |
| 1940 | 1.742 Patientinnen und Patienten |
| 1941 | 1.698 Patientinnen und Patienten |
| 1942 | 1.240 Patientinnen und Patienten |
| 1943 | 879 Patientinnen und Patienten |
| 1944 | 798 Patientinnen und Patienten |
| 1945 | 743 Patientinnen und Patienten |

1938 waren in der Heil- und Pflegeanstalt Galkhausen acht Ärzte und 157 Personen im Pflegedienst beschäftigt.[67] Zu Kriegsbeginn 1939 wurde ein erheblicher Teil der Ärzte und der Pfleger zum Wehrdienst eingezogen oder meldete sich freiwillig.

---

[63] Dr. Georg Beyerhaus (?–1941), Psychiater, von 1928–1941 Direktor der Heil- und Pflegeanstalt Galkhausen.
[64] Chronik des Landeskrankenhauses Langenfeld 1879–1960, S. 44.
[65] Belegungszahlen jeweils zum 31.12. des Jahres.
[66] Daten aus dem Gespräch mit Dr. Matthias Leipert, Dr. Friedrich Leidinger und Rudolf Styrnal am 7. Januar 2018 in Langenfeld.
[67] Chronik des Landeskrankenhauses Langenfeld 1879–1960, S. 47.

Die Pflegesätze für Psychiatriepatientinnen und -patienten, in denen auch die Verpflegungssätze enthalten waren, wurden ständig gesenkt. Bereits Ende der 1920er und Anfang der 1930er Jahre waren die Verpflegungssätze aufgrund der Weltwirtschaftskrise stark reduziert worden. Dieses wurde zur Zeit des Nationalsozialismus fortgesetzt. Die Verpflegungssätze pro Kopf und Tag lagen in den Heil- und Pflegeanstalten in Hessen 1936 durchschnittlich bei 0,46 RM. Drei bis vier Jahre später stand für die Patientinnen und Patienten nur noch ein Satz von 0,31 RM zur Verfügung.[68] Viele Anstalten waren bemüht, diese Verpflegungssätze noch zu unterbieten. Dies ging so weit, dass in Bayern 1942 ein „Hungerkost-Erlaß" beschlossen wurde. Die Verpflegung von nicht mehr arbeitsfähigen psychiatrischen Kranken wurde so stark reduziert, dass diese nach drei Monaten verstarben. Aus Galkhausen ist Folgendes bekannt:

> „Es war der Ehrgeiz des Direktors, seine Anstalt zu einem Schmuckkästchen werden zu lassen. Es durfte nur nicht viel kosten. Putzmittel und Farbe stand genügend zur Verfügung. Darüber hinaus musste jeder Kostenaufwand vermieden werden. Sparsamkeit war Trumpf! Direktor Beyerhaus war für seine Fähigkeit, mit geringsten Mitteln auszukommen, in der ganzen Provinz bekannt. Es klingt wie eine Sage, wenn man aus glaubhafter Quelle erfährt, dass der Kostensatz für die Patientinnen und Patienten zeitweilig 11 Pf pro Kopf betrug, von denen nach glaubhaften Angaben noch Einsparungen angestrebt wurden. Zur gleichen Zeit betrug er beim Arbeitsdienst 13 Pf, bei der Wehrmacht 22 Pf."[69]

---

[68] Vgl. Beck, Christoph: Sozialdarwinismus, Rassenhygiene, Zwangssterilisation und Vernichtung „lebensunwerten" Lebens, http://www.juramagazin.de/16422.html (12.08.2018).

[69] Chronik des Landeskrankenhauses Langenfeld 1879–1960, S. 49 (Schreibweise im Original).

Aufgrund der Mangelernährung kam es zu hohen Sterberaten in den Heil- und Pflegeanstalten. Aus der Heil- und Pflegeanstalt Galkhausen sind folgende Sterberaten bekannt:

| | |
|---|---|
| 1939 | 14,0% |
| 1940 | 15,3% |
| 1941 | 11,9% |
| 1942 | 21,3% |
| 1943 | 16,9% |
| 1944 | 18,7% |

1939 lagen die Sterberaten in den Heil- und Pflegeanstalten in Deutschland zwischen 6,3% und 15,6%. Galkhausen lag bei dieser Statistik auf dem traurigen zweiten Platz.[70]

Die Patientinnen und Patienten hatten wenig privaten Besitz. Sie trugen Anstaltskleidung aus derbem blauem Stoff. Die Männer hatten dunkle, halbwollene Anzüge von militärischem Zuschnitt mit hochgestelltem und geschlossenem Kragen. Die Frauen trugen blaugraue, hochgeschlossene Kleider, die verwaschen waren. Für Frauen waren Kopftücher vorgeschrieben. Unter der Kleidung trugen sie gestreifte Hemden, die auch während der Nacht getragen wurden. Die Kleidung wurde einmal wöchentlich gewechselt.[71]

Das Verhalten des Personals gegenüber den Patientinnen und Patienten änderte sich im Nationalsozialismus sehr stark. Ab Mitte der 1930er Jahre erhielt das Pflegepersonal spezielle Schulungen im Sinne der „Rassenhygiene“. In diesen Schulungen wurden die Kranken, die eigentlich Pflege benötigten, als „Ballastexistenzen“ dargestellt, die der Volksgemeinschaft schadeten.

---

[70] Vgl. Klee 2014, S. 118f.

[71] Chronik des Landeskrankenhauses Langenfeld 1879–1960, S. 63.

Bericht einer Patientin[72]:

> „Als ich zu mir kam, hat mich die Schwester immer wieder getreten, in den Hintern und überall, dabei hat sie gesagt: ‚Du wärst besser tot.‘ Dabei war ich immer ruhig. Ich bin dann in mein Bett gegangen, wie ich das nach Anfällen immer getan habe. Wenn wir auf der Station waren, durften wir uns nachmittags nicht hinsetzen. Kaffee gab es auch nicht. Wir mußten schrubben und Fenster putzen. Die Schwester hatte schon immer 5 Eimer mit Lauge fertig. Die kippte sie dann in den Tagesraum und wir mußten alles aufputzen.“[73]

Auszüge aus der Krankenakte von Rosa Schillings zeichnen ein ähnliches Bild. Sie wurde vernachlässigt und als störende Person empfunden. Man hielt es kaum noch für nötig, Einträge in ihre Krankenakte einzutragen. Die wenigen Einträge, die noch erfolgten, wirken sehr abwertend. Dies ist nicht nur bei Rosa Schillings so gewesen, auch bei anderen Patientinnen und Patienten lagen die letzten Eintragungen in den Krankenakten Jahre zurück. Neben der Heil- und Pflegeanstalt Galkhausen war dies auch in anderen Anstalten zu beobachten.[74]

Immer wieder gab es Handgreiflichkeiten des Pflegepersonals gegenüber den Kranken. Mit Datum vom 3. Mai 1938 schrieb der

---

[72] Der Name der Heil- und Pflegeanstalt ist der Aussage nicht zu entnehmen.

[73] ALVR, Sammlung Graf, Interview mit Zeitzeugin K. Zitiert aus: Leipert, Matthias; Styrnal, Rudolf; Schwarzer, Winfried: Verlegt nach unbekannt: Sterilisation und Euthanasie in Galkhausen 1933–1945, 1987, S. 48 (Schreibweise im Original).

[74] Siehe Namenslisten der Opfer der Aktion T4 im Bundesarchiv: https://www.bundesarchiv.de/DE/Content/Artikel/Ueber-uns/Aus-unserer-Arbeit/euthanasie-im-dritten-reich.html (10.09.2018).

Oberpräsident der Rheinprovinz an den Direktor der Heil- und Pflegeanstalt Galkhausen:[75]

> „In der letzten Zeit ist es mehrfach, und zwar namentlich auf den Abteilungen für unruhige Kranke vorgekommen, dass Pfleger und Pflegerinnen sich zu einer unsachgemässen Behandlung oder gar Misshandlung von Kranken haben hinreissen lassen. In mehreren Fällen ist den Kranken dabei ein körperlicher Schaden zugefügt worden. In einem besonderen Falle, der sich kürzlich ereignet hat, ist sogar der Tod eines Kranken herbeigeführt worden, [...].“[76]

Die Heil- und Pflegeanstalt Galkhausen wird angewiesen, Abhilfe zu schaffen. Auf diese Verfügung antwortet der Direktor der Heil- und Pflegeanstalt Galkhausen, Dr. Beyerhaus, am 14. Juni 1938 und informiert über die getroffenen Maßnahmen in Galkhausen.[77]

---

[75] Ob dieser Brief an alle Heil- und Pflegeanstalten ging und ob sich die Vorfälle auf Galkhausen beziehen, ist der Autorin nicht bekannt.
[76] Dokument aus dem LVR-Archiv Brauweiler (Schreibweise im Original).
[77] Dokument aus dem LVR-Archiv Brauweiler.

# Ausgeliefert

## Ohne Verständnis

Rosa war in der Heil- und Pflegeanstalt Galkhausen. Sie muss viele Fragen und Gedanken im Kopf gehabt haben: Wann kann ich in die Freiheit? Wann kann ich nach Hause und zu meinem Sohn Gregor? Was ist wohl aus ihm geworden? Ob es ihm gut geht? Hier gehöre ich nicht hin! Es ist so ungerecht!

Hermann hatte sie einweisen lassen. Erst kam sie in die Klinik Lindenburg in Köln und von dort in die Heil- und Pflegeanstalt Galkhausen. Bei der Aufnahme in die Klinik Lindenburg 1936 wurde Folgendes in der Krankenakte festgehalten:

> „Nach Angaben einer Hausbewohnerin sei sie seit 8 Tagen sehr still geworden und habe dauernd Angst ihr Junge würde ihr genommen werden. Sie rief vor einiger Zeit laut aus dem Fenster um Hilfe. Ihr Junge, der dabei friedlich neben ihr sass, würde kastriert werden."[78]

Aus dem Aufnahmeprotokoll der Klinik Lindenburg in Köln geht weiterhin hervor:

> „In der Klinik sehr gesperrt, verweigerte Antwort, verfolgte aber mit ängstlichem Ausdruck die Vorgänge in ihrer Umgebung. Späterhin zugänglicher, jedoch verschlossen und misstrauisch jeder Frage gegenüber. Gesichtsausdruck starr, leer, bewegungsarm. Stimmenhören wird zunächst zugegeben, später aber aufs energischste bestritten. Sie sei nicht geisteskrank. Absolut

---

[78] Rosa Schillings' Krankenakte, Eintrag vom 11.03.1936, R179 25899, Bundesarchiv Berlin (Schreibweise im Original).

> negativistisch, behauptet nicht geboren zu sein, keine Kinder zu haben usw. Kein Spontansprechen. Nahrungsaufn. genügend. Ernährungszustand ungenügend. Schizophrenie."[79]

Rosas körperlicher Zustand wurde wie folgt beschrieben:

> „Allgemeiner Körperzustand: zierlich, reduziert
> Größe: 1,59 m
> Gewicht [...] 58,5 kg
> [...] Haare rötlichblond
> Ohren: /
> Zunge: o.B.
> Zähne: fast alle Brücken aus Gold [...]
> Gesicht (Bildung, Farbe usw.): Blass, blaue Flecken auf der Nase.
> [...] Augen (Pupillen usw.): = reagieren auf Lichteinfall."[80]

Aus dem Protokoll des ersten Gesprächs von Rosa mit einem Psychiater in Galkhausen:

> „Sehr ängstlich und misstrauisch, jammert und blickt flehend: ‚Aber, mein Kind!' Fragt wiederholt, ob sie das denn sagen dürfe, gibt aber dann doch willig Auskunft in offenbarer Ratlosigkeit. Woher man denn schon wisse, dass sie in Waldbreitbach war? ‚Was soll ich doch alles nicht sagen. Bin ich dann nachher nicht geschwätzig? Wenn ich das alles gesagt habe? Weihnachten vor 3 Jahren hat mich mein Bruder nach Waldbreitbach gebracht. Ich war gar nicht krank, er hatte nicht das Recht dazu. Ich habe bloss ein bisschen geweint, habe viel Leid durchgemacht, Seelische Depression, da kann man doch nichts

---

[79] Rosa Schillings' Krankenakte, Eintrag vom 11.03.1936, R179 25899, Bundesarchiv Berlin (Schreibweise im Original).
[80] Rosa Schillings' Krankenakte, Eintrag vom 11.03.1936, R179 25899, Bundesarchiv Berlin (Schreibweise im Original).

> dafür? Nicht? Ich soll nicht schwätzenüber meine Geschwister. Wenn ich das alles sagen sagen die: die ist krank, – und das ist nicht wahr.' Bestreitet Stimmen, nennt ihren Geburtstag richtig. Zwei Kinder habe sie gehabt, eines lebe noch. (warum in der Lindenburg gesagt, dass nicht geboren und keine Kinder?) :Ich wollte bloss da nichts sagen, damit ich da nicht bleiben sollte, weil ich da Angst hatte, mein Kind würde man mir weg nehmen. Man sagt, ich sei verschwenderisch, Parfumfläschchen und Lippenstift soll ich gehabt haben. Das ist alles Lüge! Ich hatte doch nichts zum Verschwenden, ich lasse mir das nicht gefallen. Die Menschen lügen, und ich habe immer die Wahrheit gesagt. Da habe ich mir vorgenommen, jetzt fängst du auch an, zu Lügen, die kommen durch mit ihren Lügen. Fräulein Doktor hat meine Personalien aufgenommen. Wenn man mich quälen will und immer wieder lügt, lügt, dann greift man doch auch zur Lüge, oder tuen Sie das nicht, Herr Doktor? Wenn Sie sehen, dass die Menschen damit mehr erreichen? Ich denke: wenn Du Dein Kind und Dich damit retten kannst, lügst Du auch. Ich kann doch nicht mein ganzes Leben in so Anstalten zubringen."[81]

Der Arzt wusste von Rosas früheren Aufenthalten in anderen Heilanstalten. Aber irgendetwas stimmte nicht an den Aufzeichnungen. Sie war nicht mehrere Jahre in der Heilanstalt Mariabrunn bei Aachen gewesen, sondern immer nur für einige Wochen in verschiedenen Heil- und Pflegeanstalten. Immer war sie wieder für längere Zeit nach Hause zurückgekehrt. Wie kam es zu diesen Falschinformationen? War es ein Versehen oder hatte ihr Bruder Hermann dies behauptet?

Dr. H. stellte die Diagnose paranoide Schizophrenie (symptomarm) und erstattete Anzeige zur Sterilisation.

[81] Rosa Schillings' Krankenakte, Eintrag vom 12.03.1936, R179 25899, Bundesarchiv Berlin (Schreibweise im Original).

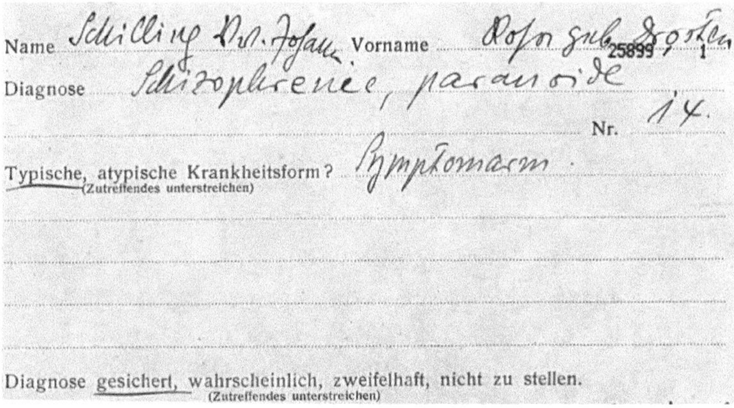

Name Schilling Dr. Johann Vorname Rosa geb. Drosten 25899 / 1
Diagnose Schizophrenie, paranoide
Nr. 14.
Typische, atypische Krankheitsform? Symptomarm.
(Zutreffendes unterstreichen)

Diagnose gesichert, wahrscheinlich, zweifelhaft, nicht zu stellen.
(Zutreffendes unterstreichen)

Abb. 23: Die Diagnose „Schizophrenie, paranoide, symptomarm", Rosa Schillings' Krankenakte, datiert vom 22.03.1936, R179 25899, Bundesarchiv Berlin.

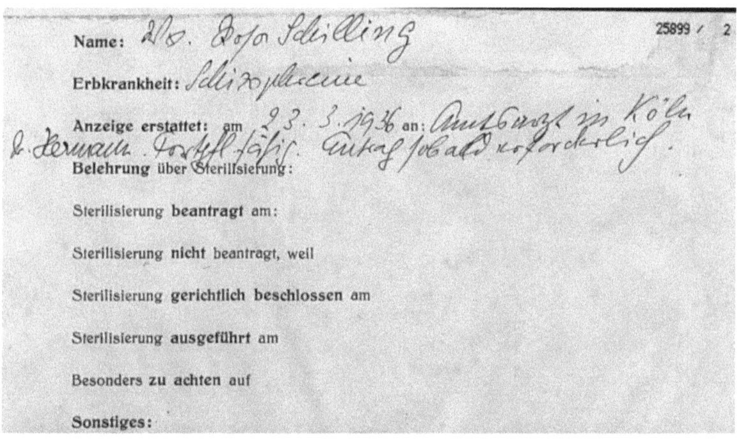

Name: Dr. Rosa Schilling 25899 / 2
Erbkrankheit: Schizophrenie
Anzeige erstattet: am 23.3.1936 an: Amtsarzt in Köln
d. Ehemann. Fortpfl.fähig. Antrag sobald erforderlich.
Belehrung über Sterilisierung:
Sterilisierung beantragt am:
Sterilisierung nicht beantragt, weil
Sterilisierung gerichtlich beschlossen am
Sterilisierung ausgeführt am
Besonders zu achten auf
Sonstiges:

Abb. 24: Anzeige zur Sterilisation; Rosa Schillings' Krankenakte, datiert vom 23.03.1936, R179 25899, Bundesarchiv Berlin.

Rosa war die erste Zeit sehr ängstlich, schlief wenig und weinte viel. Sie fragte die Pflegerinnen, wo sie sei und warum die anderen Menschen sie so komisch ansahen. Sie sei doch nicht in einer Strafanstalt? Sie machte sich große Sorgen um ihr Kind; immer wieder fragte sie die Pflegerinnen, ob diese sie nicht zu ihrem Kind bringen könnten.

> „Warum hat man mich denn hierher gebracht. Mein Vormund und niemand weiß, wo ich bin, was wird aus mir und aus meinem Kind? Man hat mich wieder fortgebracht, um mir mein Kind zunehmen Ich habe doch nichts gemacht. Lasst mich doch wieder nach Hause."[82]

Die Tage vergingen. Rosa überfiel eine große Traurigkeit. Was sollte sie machen? Die Pflegerinnen halfen ihr nicht, sie verstanden nicht ihr Leid und ihre Sorge. Ihr Bitten und Flehen prallte an ihnen ab.

> „Ich muss hier fort, mein Kind retten, ich kann die Qualen vom Kind nicht mehr mit ansehen."[83]

Aber keiner half ihr. Sie musste ruhiger werden, sie musste versuchen, aus der Heilanstalt heraus ihrem Kind zu helfen. So schwer es ihr fiel, sie nahm sich zusammen und fügte sich vorerst dem Anstaltsleben. Sie strickte und beschäftigte sich mit Hausarbeit, was die Pflegerinnen wohlwollend vermerkten. Da man ihr nun so – wie sie meinte gutgesinnt – gegenüberstand, bat Rosa um ein Gespräch mit einem Rechtsanwalt:

---

[82] Rosa Schillings' Krankenakte, Eintrag vom 13.03.1936, R179 25899, Bundesarchiv Berlin (Schreibweise im Original).

[83] Rosa Schillings' Krankenakte, Bundesarchiv Berlin, Eintrag vom 23.03.1936, R179 25899, Bundesarchiv Berlin.

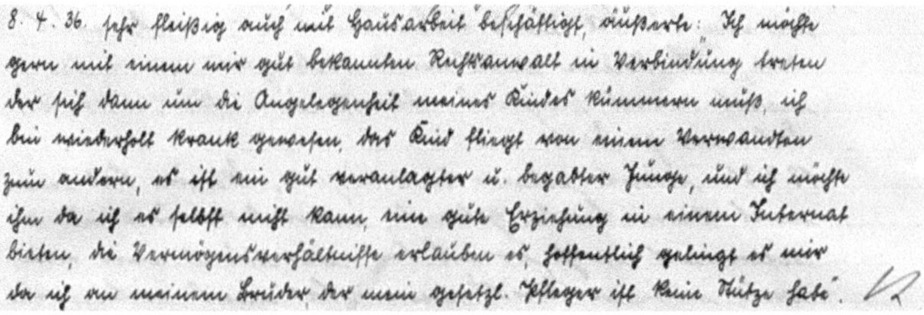
8. 4. 36. sehr fleissig auch mit Hausarbeit beschäftigt, äußerte: „Ich möchte gern mit einem mir gut bekannten Rechtsanwalt in Verbindung treten der sich dann um die Angelegenheit meines Kindes kümmern muß, ich bin wiederholt krank gewesen, das Kind fliegt von einem Verwandten zum anderen, es ist ein gut veranlagter u. begabter Junge, und ich möchte ihm da ich es selbst nicht kann, eine gute Erziehung in einem Internat bieten, die Vermögensverhältnisse erlauben es, hoffentlich gelingt es mir da ich an meinem Bruder, der mein gesetzl. Pfleger ist keine Hilfe habe.“

Abb. 25: Rosa Schillings' Krankenakte, Eintrag vom 8. April 1936, R179 25899, Bundesarchiv Berlin.

> „Ich möchte gern mit einem mir gut bekannten Rechtsanwalt in Verbindung treten, der sich dann um die Angelegenheit meines Kindes kümmern muß, ich bin wiederholt krank gewesen, das Kind fliegt von einem Verwandten zum anderen, es ist ein gut veranlagter u. begabter Junge, und ich möchte ihm da ich es selbst nicht kann, eine gute Erziehung in einem Internat bieten, die Vermögensverhältnisse erlauben es, hoffentlich gelingt es mir da ich an meinem Bruder, der mein gesetzl. Pfleger ist, keine Hilfe habe.“[84]

Rosa wollte ihren Sohn in ein kirchliches Internat geben. Dort erhoffte sie sich Schutz für Gregor. Schon früher hatte sie zu Gregor gesagt, wie sehr sie sich wünsche, dass er Priester werde.

[84] Rosa Schillings' Krankenakte, Eintrag vom 08.04.1936, R179 25899, Bundesarchiv Berlin (Schreibweise im Original).

## Die Behandlungsmethoden in der Psychiatrie – Hintergründe

Rosa war in die Maschinerie der nationalsozialistischen Psychiatrie geraten. Brauchte sie diese Behandlung oder hätte die Liebe und Fürsorge ihrer Familie und eine gute Trauerbegleitung ihr geholfen? Wir wissen es nicht. In der Psychiatrie wurden seit Anfang des 20. Jahrhunderts verschiedene Therapien für psychisch Kranke eingesetzt, die teilweise ineinander übergingen. Zu diesen Therapien gehörten die Bettbehandlung, das Dauerbad, Einpackungen, Arbeits- und Beschäftigungstherapien sowie später auch Insulin- und Elektro-Schocks.[85]

Die Bettbehandlung war seit Ende des 19. Jahrhunderts eine gängige Behandlungstherapie. Die von Clemens Neisser[86] propagierte Bettbehandlung wurde für die Anwendung bei nahezu sämtlichen psychiatrischen Krankheitsbildern angewendet. Die therapeutische Wirkung der Bettruhe diente zum einen der Schonung der/des Kranken, zum anderen sollte die Bettbehandlung die Krankheitseinsicht der Patientinnen und Patienten fördern. Die Wachsäle in den Heil- und Pflegeanstalten waren mit zehn oder mehr Betten ausgestattet und ermöglichten dem Pflegepersonal eine uneingeschränkte Überwachung der dort liegenden Patientinnen und Patienten.[87]

Seit Mitte des 19. Jahrhunderts wurde in der Psychiatrie das Dauerbad eingesetzt, dem man beruhigende Wirkung zumaß. Mehrere Stunden, teilweise sogar mehrere Tage, saßen die Patientinnen

---

[85] Vgl. von Beyme, Ingrid; Hohnholz, Sabine: Vergissmeinnicht – Psychiatriepatienten und Anstaltsleben um 1900: Aus Werken der Sammlung Prinzhorn. Springer-Verlag, Berlin Heidelberg 2018, S. 65.
[86] Clemens Neisser (1861–1940) deutscher Psychiater.
[87] Vgl. Ankele, Monika: Wie das Krankenbett zum Medikament wurde. https://science.orf.at/stories/2847043/ (13.08.2018).

und Patienten bei einer Wassertemperatur von 36-37 Grad Celsius in einer Badewanne, über die meist ein Segeltuch gespannt oder eine Holzplatte gelegt war, aus dem nur der Kopf herausschaute. Auch die Mahlzeiten wurden in diesem Zustand eingenommen. Mit Medikamenten wurden die Patientinnen und Patienten ruhiggestellt, da viele von ihnen sich weigerten, diese Prozedur über sich ergehen zu lassen.[88]

Bei sogenannten „Packungen“, die wie Dauerbäder beruhigend wirken sollten, wurden die Patientinnen und Patienten in warme, feuchte Leinentücher und eine große Wolldecke eingewickelt.[89] In der „Chronik des Landeskrankenhauses Langenfeld 1879–1960“ steht zu den Packungen Folgendes:

> „Oft geübt waren auch die sog. ‚Packungen‘. Dabei wurde der Patient in feuchte Tücher eingewickelt, (und mit Stecknadeln zugesteckt) dass er fast wie eine ‚Riesenzigarre‘ aussah. Es wird berichtet, dass auch sehr erregte Patienten in einer solchen Dauerpackung nach verhältnismassig kurzer Zeit ruhig waren.“[90]

Weiterhin wurden in den 1930er Jahren Insulin- und Elektroschocks bei psychisch Erkrankten angewendet.

> „Als Schocktherapie wird in der Psychiatrie eine relativ unvorbereitet und plötzlich einsetzende körperliche Behandlung mit ungewohnt stark wirksamen physikalischen oder chemischen Reizen verstanden, [...].“[91]

---

[88] Vgl. von Beyme, Hohnholz 2018, S. 65f.

[89] Vgl. Ansari, Peter: Die Therapiegeschichte der Depression und die Einführung der antidepressiven medikamentösen Therapie in der BRD im Zeitraum von 1945–1970 (Dissertation Hannover 2013): https://d-nb.info/1060673118/34 (13.08.2018).

[90] Chronik des Landeskrankenhauses Langenfeld 1879–1960, S. 51.

[91] Schocktherapie (Psychiatrie): https://de.wikipedia.org/wiki/Schocktherapie_(Psychiatrie) (13.08.2018).

Das Verfahren des Insulinschocks beruhte darauf, dass über einen gewissen Zeitraum täglich durch Insulininjektionen Hypoglykämien bis hin zum Koma ausgelöst wurden. Dabei kam es zu vielen starken Nebenwirkungen und sogar zu Todesfällen bei den Patientinnen und Patienten. Später wurde dann die Elektroschocktherapie eingeführt.[92] In der Heil- und Pflegeanstalt Galkhausen wurde die Elektroschocktherapie nach dem Zweiten Weltkrieg nur kurze Zeit praktiziert.[93]

Die häufigsten Medikamente, die den Patientinnen und Patienten in den Heil- und Pflegeanstalten verabreicht wurden, waren Scopolamin und Paraldehyd. Bei niedriger Dosierung wirkt Scopolamin beruhigend. Höhere Dosierungen wirken dämpfend und führen zu Apathie. Früher wurde Scopolamin zur Beruhigung psychisch Kranker eingesetzt. Als Nebenwirkungen treten neben physischen auch psychische Beschwerden auf, so zum Beispiel Halluzinationen, delirante Zustände und Gedächtnisstörungen.[94] Paraldehyd wurde 1882 als Schlafmittel in der Psychiatrie eingeführt. Da es über die Lunge ausgeschieden wird, kommt es zu unangenehmem Mundgeruch.[95] So rochen früher oft die Krankenstationen in den Heil- und Pflegeanstalten nach der Ausscheidung dieses Medikaments.

Die Heil- und Pflegeanstalt Galkhausen setzte bereits seit ihrer Gründung die Arbeitstherapie als Behandlungsmethode ein. Vorerst in der Land- und Hauswirtschaft, später auch in verschiedenen

---

[92] Vgl. Hill, Jennifer: Zum Schicksal männlicher Patienten der Jenaer Psychiatrischen- und Nervenklinik 1933 bis 1945 nach ihren Verlegungen in die Landesheilanstalten Stadtroda und Blankenhain (Dissertation Jena 2008): https://www.db-thueringen.de/receive/dbt_mods_00011858 (13.08.2018).

[93] Chronik des Landeskrankenhauses Langenfeld 1879–1960, S. 51.

[94] Vgl. Scopolamin: https://de.wikipedia.org/wiki/Scopolamin (13.08.2018).

[95] Vgl. Koch, Horst J.: Psychopharmaka: Von der Zufallsentdeckung bis zum etablierten Medikament. In: Pharmazeutische Zeitung online, Ausgabe 01/02/2009, S. 16: https://www.pharmazeutische-zeitung.de/fileadmin/jahrgangspdf/2009/HEFT01-02.pdf (15.10.2020).

Werkstätten. Dr. Beyerhaus führte 1928 neben der Arbeitstherapie auf den Feldern weitere Beschäftigungstherapien ein, so entstanden eine Korbflechterei, eine Kettenmacherei und eine Buchbinderei; es wurden Wäscheknöpfe angenäht, Papierfolien abgezupft und Kordeln entknotet.[96] Aus der Heil- und Pflegeanstalt Galkhausen ist bekannt:

> „Die Handwerksbetriebe waren sehr gut geführt [...] und allen Werkstätten standen geschickte und fleissige Kranke in genügender Anzahl zur Verfügung. Freilich, der Grund hierfür war kein guter: die Patienten erhielten kein Taschengeld, Geld oder Sachspenden von Angehörigen flossen spärlich – sicherlich bedingt durch die Nöte der Nachkriegszeit und die allgemein veränderte Einstellung zu [sic. hier fehlt leider der Text] im 3. Reich. Die Tätigkeit in einem Handwerksbetrieb war für viele Kranke die einzige Möglichkeit, einmal an einen Groschen oder eine Zigarette zu gelangen. Durch ihren langfristigen Aufenthalt erwarben auch viele Kranke Kenntnisse und Fähigkeiten, die sie früher nicht besessen hatten. In den Betrieben konnten sie ihr Können verwerten. Auch auf den Abteilungen wurde das Pflegepersonal – etwa bei Putzarbeiten – von sehr bereitwilligen Patientinnen und Patienten unterstützt."[97]

Die Freiwilligkeit der Arbeitstherapie geht aus Rosa Schillings Krankenakte nicht hervor. Immer wieder verweigerte sie die Arbeit und wurde von dem Pflegepersonal energisch dazu angehalten.

---

[96] „Chronik des Landeskrankenhauses Langenfeld 1879 –1960", S. 45f.

[97] „Chronik des Landeskrankenhauses Langenfeld 1879 –1960", S. 48f (Schreibweise im Original).

# Was habt ihr vor?

## Eine andere Welt

Rosa stand im Tagesraum und schimpfte. Den Rechtsanwalt hatte man nicht geholt. Dachte sie darüber nach, wie sie nur ihrem Kind helfen konnte? Ob sie sich einen anderen Namen geben sollte, damit ihrem Sohn nichts passierte? Für sie war wohl klar: sie würde sich hier von ihren PeinigerInnen nicht brechen lassen. Sie war eine starke Frau. Als man Rosa mit Frau Schilling ansprach, äußerte sie:

> „Ich heiße nicht Schilling, sondern Steffen, ich habe meinen Grund dafür, den Namen zu wechseln."[98]

Den letzten Buchstaben ihres Nachnamens hatte man ihr schon bei ihrer Einweisung in die Klinik Lindenburg genommen, diesen erhielt sie zu Lebzeiten nie wieder zurück.

Eines Abends band sie sich beim Ausziehen ein Handtuch und ein Taschentuch um den Oberschenkel, als sie sich unbeobachtet glaubte. Was sie hiermit wollte, ist nicht bekannt. Wahrscheinlich waren diese Dinge für einen Ausbruchversuch aus der Anstalt vorgesehen. Als die Pflegerin sie fragte, was sie damit machen wollte, weinte Rosa, gab aber keine Antwort. Die nächsten Tage saß Rosa nur still und teilnahmslos auf ihrem Platz, gab auf Fragen keine Antworten und musste zum Essen angehalten werden. Der Arzt vermerkte in der Krankenakte:

---

[98] Rosa Schillings' Krankenakte, Eintrag vom 15.04.1936, R179 25899, Bundesarchiv Berlin.

> „Seit einiger Zeit wieder ganz verändert. Sehr verstimmt und Suizid gefährdet.“[99]

Und ein paar Tage später schrieb er:

> „Gibt keine Antwort. Muss zum Essen angehalten werden. Band sich abends ein Handtuch um den Oberschenkel. Schlich hiermit in den Schlafsaal. Nach dem Gesichtsausdruck hatte sie Selbstmord vor [...].“[100]

Dass Rosa vielleicht nur aus der Anstalt fort zu ihrem Sohn wollte, bedachte man nicht. Dieses zeigt aber auch, dass man ihr nicht zuhörte, denn sie sprach immer nur von der Sorge um ihren Sohn, den sie beschützen wollte.

Rosa wurde in den Wachsaal gebracht. Mit der Unterbringung im Wachsaal – und damit im Bett – wollte man Rosa unter Beobachtung stellen, aber auch an das disziplinierte Anstaltsleben gewöhnen. Hier lag sie nun im Bett und weinte, aber sie schöpfte auch Kraft, um sich diesen Menschen, den Ärzten und Pflegerinnen, zu stellen.

Nach zwei Tagen war sie wieder im Tagesraum und beschäftigte sich den ganzen Tag fleißig mit Haus- und Handarbeit. Aber am Nachmittag wurde sie plötzlich verstimmt und äußerte:

> „Ich weiß schon was hier gespielt wird, aber ich werde mich schon an der richtigen Stelle beschweren, ich bin gesund nach hier gekommen und werde nicht entlassen, wobei ich für zwei Kinder zu sorgen habe; [...]“[101]

---

[99] Rosa Schillings' Krankenakte, Eintrag vom 14.06.1936, R179 25899, Bundesarchiv Berlin.
[100] Rosa Schillings' Krankenakte, Eintrag vom 24.06.1936, R179 25899, Bundesarchiv Berlin.
[101] Rosa Schillings' Krankenakte, Eintrag vom 26.06.1936, R179 25899, Bundesarchiv Berlin (Schreibweise im Original).

Rosa war verzweifelt, sie reagierte nicht auf Zuspruch und sprach nur leise vor sich hin. Mit Medikamenten wurden Rosa und die anderen Patientinnen und Patienten ruhiggestellt. Rosa wusste manchmal nicht, ob sie träumte oder ob es Wirklichkeit war:

> „Die Leute müssen doch schlecht sein, wie die Nacht, vieles vortäuschen, dass ich so lange hierbleiben soll. In der Nacht wird man betäubt mit Arznei, dann weiß man nicht, was mit einem gemacht wird. Ich sollte nur von meinen Kindern fortkommen, Kleider, Wäsche hat man mir entwendet, wenn mir die Pflegerin von der Lindenburg in die Finger fällt, der zahle ich es wider. Was ist das hier für eine Klasse, oder Massenversorgung, ich bin etwas anderes gewöhnt. Die Pflegerin bringt mich mit dem Auto nach hier, ohne vorher mich zu fragen, die sollte man selbst festsetzen, konnte hier nicht so sprechen, redet man, dann ist man frech, das Unrecht rächt sich schon."[102]

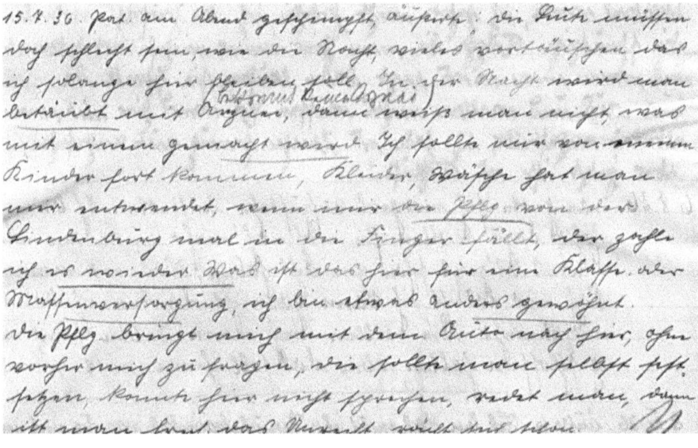

Abb. 26: Rosa Schillings' Krankenakte, Eintrag vom 15. Juli 1936. R179 25899, Bundesarchiv Berlin.

[102] Rosa Schillings' Krankenakte, Eintrag vom 17.07.1936, R179 25899, Bundesarchiv Berlin.

Die Ärzte taten diese Äußerungen als Halluzination ab, so steht in der Krankenakte über Rosa:

> „Halluziniert lebhaft, schimpft zeitweise zerfahren – erregt. Was nachts alles mit ihr gemacht würde, sei unerhört. Auch mit ihrem Kinde geschähe wieder Unsittliches. Es sei unverantwortlich, dass so etwas geschehen werde.“[103]

Rosa verstand nicht, warum man sie hier in dieser Anstalt festhielt. Es war unmenschlich, sie musste doch für ihren Sohn sorgen:

> „Wer hat das Recht mich hier fest zuhalten ich verlange meine Freiheit zu meinen Kindern, ich habe Mutterrechte.“[104]

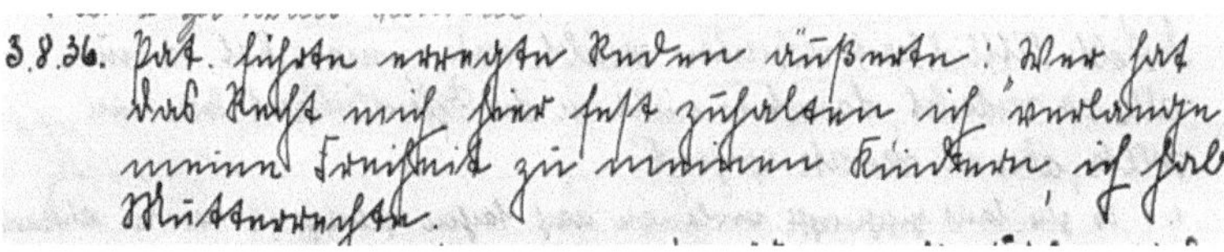
3.8.36. Pat. führte verwirrte Reden äußerte: Wer hat das Recht mich hier fest zuhalten ich verlange meine Freiheit zu meinen Kindern ich habe Mutterrechte.

Abb. 27: Rosa Schillings’ Krankenakte, Eintrag vom 03.08.1936. R179 25899, Bundesarchiv Berlin.

Die Ärzte und PflegerInnen hielten Rosa für wahnhaft und zerfahren; doch sie wusste, was sie wollte: Sie wollte ein ganz normales Leben gemeinsam mit ihrem Sohn führen. Ihr war bewusst, dass alles, was sie sagte, in ihrer Krankenakte dokumentiert wurde:

> „Sie brauchen sich nicht einzubilden, dass ich noch einen ganzen Monat hierbleiben werde, ich gehöre nicht

[103] Rosa Schillings’ Krankenakte, Eintrag vom 01.07.1936, R179 25899, Bundesarchiv Berlin.

[104] Rosa Schillings’ Krankenakte, Eintrag vom 03.08.1936, R179 25899, Bundesarchiv Berlin, (Schreibweise im Original).

> hierhin, ich bin geistig normal. Die schmutzigen Suppen, die man hier immer eingefüttert bekommt und wenn man so was sagt, dann laufen sie schnell die [...] und wollen noch mehr wissen. Es wird hier allerlei angestellt, ich habe es lange genug mitangesehen, aber jetzt ist Schluss.“[105]

Rosa wollte nur fort aus dieser Anstalt. Wer war schuld an ihrem Unglück? Keiner half ihr. Sie musste sich selbst helfen und wenn es nur verbal war:

> „Die Kinder sind schon mit Haß erfüllt ehe sie mal geboren sind. Ich weiß wohl was hier gespielt wird, warum läßt man mich nicht von hier fort, ist alles Gemeinheit und Betrügerei.“[106]

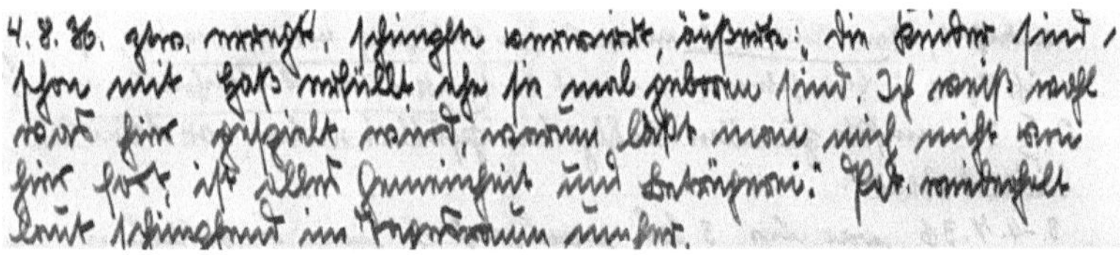

Abb. 28: Rosa Schillings' Krankenakte, Eintrag vom 04.08.1936, R179 25899 Bundesarchiv Berlin.

Immer wieder wurde sie zu Arbeiten angehalten oder sollte Dinge tun, die sie nicht wollte. Sie fühlte sich zudem durch die Medikamente müde und war nicht fähig zu arbeiten:

> „Ich bin nicht fähig dazu, wollen Sie mich noch mehr ruinieren, wie Sie es jetzt schon gemacht haben. Was

[105] Rosa Schillings' Krankenakte, Eintrag vom 05.08.1936, R179 25899, Bundesarchiv Berlin.

[106] Rosa Schillings' Krankenakte, Eintrag vom 04.08.1936, R179 25899, Bundesarchiv Berlin (Schreibweise im Original).

> mit meinem Kopf nur los ist, ich kann gar nicht denken. Ich kann nicht mehr. Sie wollen mich mein Leben lang eingeschlossen halten, aber das soll Ihnen nicht gelingen."[107]

## Tiergartenstraße 4 – Hintergründe

Während Rosa in der Anstalt um ihre Freiheit kämpfte, wurde an einer anderen Stelle – über 600 Kilometer entfernt, in Berlin – eine Maschinerie des Todes aufgebaut. Rosa ahnte nicht, dass Menschen sich über andere Menschen stellen und darüber urteilen würden, wer leben durfte und wer sterben sollte. Hitler hatte bereits 1935 gegenüber Vertrauten angekündigt, falls es zum Krieg kommen würde, müsse auch ein interner Krieg geführt und die Vernichtung sogenannten „lebensunwerten Lebens" angegangen werden.[108]

Im Oktober 1939 ermächtigte Adolf Hitler Philipp Bouhler[109], Chef der Kanzlei des Führers, und den Arzt Dr. Karl Brandt[110] in einem auf den 1. September 1939[111] zurückdatierten Schreiben als medizinische Ansprechpartner mit der organisatorischen Ermordung von „lebensunwertem Leben":

> „Reichsleiter Bouhler und Dr. med. Brandt sind unter Verantwortung beauftragt, die Befugnisse namentlich zu bestimmender Ärzte so zu erweitern, dass nach

---

[107] Rosa Schillings' Krankenakte, Eintrag vom 05.08.1936, R179 25899, Bundesarchiv Berlin.
[108] Vgl. T4-Denkmal: Planung und Organisation: https://www.t4-denkmal.de/Planung-und-Organisation (19.08.2018).
[109] Philipp Bouhler (1899–1945), Reichsleiter der NSDAP, Chef der Kanzlei des Führers, Beauftragter Hitlers für die Aktion T4.
[110] Karl Brandt (1904–1948), Begleitarzt von Adolf Hitler, Beauftragter Hitlers für die Aktion T4.
[111] Beginn des Zweiten Weltkrieges.

menschlichem Ermessen unheilbar Kranken bei kritischster Beurteilung ihres Krankheitszustandes der Gnadentod gewährt werden kann.“

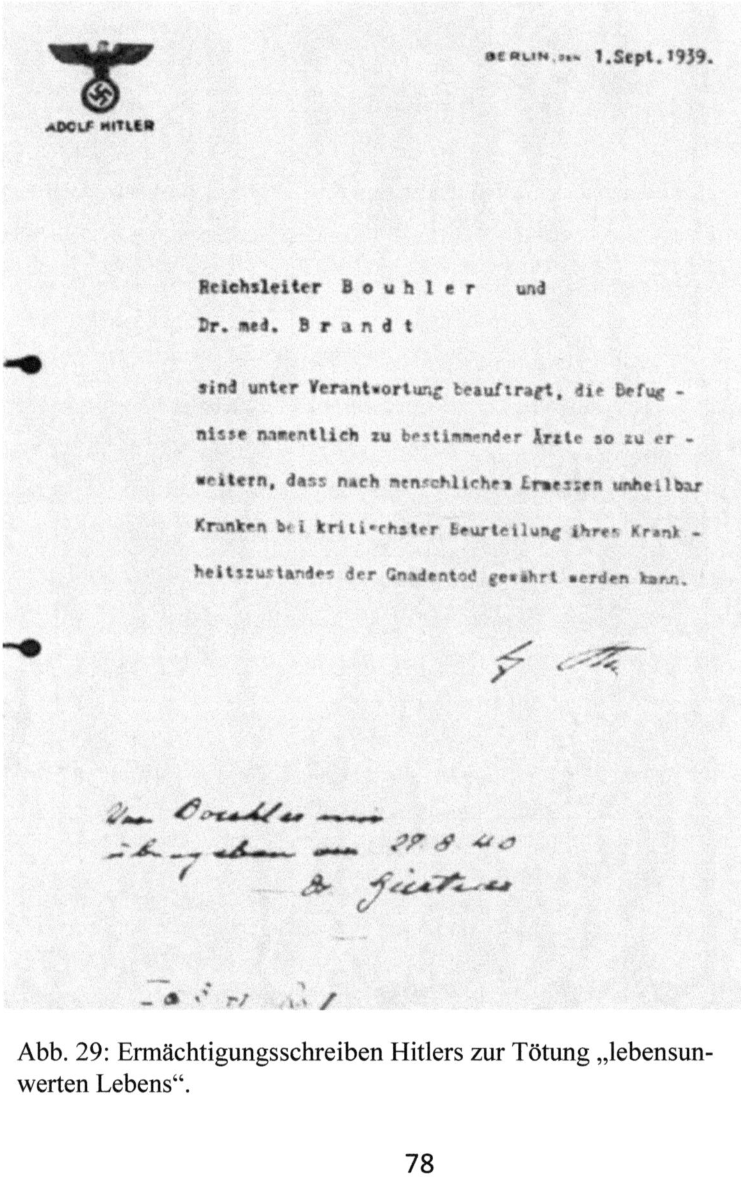
ADOLF HITLER

BERLIN, den 1.Sept.1939.

Reichsleiter B o u h l e r und

Dr. med. B r a n d t

sind unter Verantwortung beauftragt, die Befugnisse namentlich zu bestimmender Ärzte so zu erweitern, dass nach menschlichem Ermessen unheilbar Kranken bei kritischster Beurteilung ihres Krankheitszustandes der Gnadentod gewährt werden kann.

Abb. 29: Ermächtigungsschreiben Hitlers zur Tötung „lebensunwerten Lebens“.

Das Schreiben war auf Hitlers privatem Briefpapier geschrieben, war nicht durch das Reichsministerium des Inneren gegengezeichnet und nicht im Reichsgesetzblatt veröffentlicht worden – und hatte somit eigentlich auch im totalitären nationalsozialistischen Staat keine Rechtsgültigkeit.[112] Aber es hatte katastrophale Folgen.

Die Vorbereitungen hatten schon vorher begonnen. Bereits in der Zeit von Februar bis März 1939 fanden Gespräche mit Herbert Linden[113] aus dem Reichsministerium des Innern statt. Linden war zuständig für den Bereich Volksgesundheit sowie für die Durchsetzung der Rassen- und Eugenikgesetze, zu denen auch das „Gesetz zur Verhütung erbkranken Nachwuchses" gehörte. In diesen Gesprächen wurde die Verfahrensweise zum Programm der „Kinder-Euthanasie" vorbereitet. Später wurde die Planungsgruppe vergrößert und es kamen weitere ausgesuchte Ärzte – unter anderem auch Karl Brandt – dazu. Die Planungen waren im Sommer 1939 abgeschlossen.

Es wurden Meldebögen erstellt, anhand derer Gutachter über das Leben und Sterben der Kinder entscheiden sollten. Am 18. August 1939 erließ das Reichsministerium des Innern einen Erlass, der Ärzte und Hebammen verpflichtete, Neugeborene und Kinder unter drei Jahren zu melden, bei denen sie folgende Symptome feststellten:

1. Idiotie sowie Mongolismus (angeborene Entwicklungsstörung)
2. Mikrozephale (abnorme Verkleinerung von Umfang und Inhalt des Schädels)
3. Hydrozephalus (Wasserkopf)

---

[112] Vgl. Aktion T4: https://de.wikipedia.org/wiki/Aktion_T4 (19.08.2018).

[113] Herbert Linden (1899–1945), deutscher Mediziner, Ministerialrat und ab 1942 Ministerialdirigent im Reichsministerium des Innern und einer der Organisatoren der Anstaltsmorde der Aktion T4.

4. Missbildungen jeder Art, besonders Fehlen von Gliedmaßen, schwere Spaltbildungen des Kopfes und der Wirbelsäure
5. Lähmungen einschließlich Littlescher Erkrankungen (spastische Diplegie).[114]

Im Juli 1939 traf sich Hitler mit ranghohen Vertrauten zur Beratung über die Vernichtung von psychisch erkrankten und behinderten Erwachsenen. Mit der Durchführung dieser Maßnahmen wurde Philipp Bouhler beauftragt.[115] Die Vorbereitungen liefen an. Die Kanzlei des Führers wollte nicht direkt mit diesen Vernichtungsmaßnahmen öffentlich in Erscheinung treten, so dass eine Sonderverwaltung eingerichtet wurde. Formal war die Verwaltung Viktor Brack[116], Hauptamt II der Kanzlei des Führers, unterstellt. Im April 1940 wurde die Verwaltung des Vernichtungsprozesses in der Tiergartenstraße 4 in Berlin angesiedelt.[117] Aus dieser Adresse resultiert die Bezeichnung „Aktion T4".[118]

Die T4-Zentralverwaltungsstelle war untergliedert in verschiedene – nach außen unabhängige – Institutionen:

- Reichsarbeitsgemeinschaft (RAG) „Heil- und Pflegeanstalten", zuständig für die Erfassung der Opfer;
- Gemeinnützige Krankentransport GmbH (Gekrat), mit der Aufgabe der Verlegung der Opfer;

---

[114] Vgl. ebd.
[115] Vgl. Aktion T4: https://de.wikipedia.org/wiki/Aktion_T4 (22.08.2018).
[116] Viktor Hermann Brack (1904–1948), deutscher Wirtschaftswissenschaftler und politischer Funktionär im Nationalsozialismus.
[117] Vgl. Aktion T4: https://de.wikipedia.org/wiki/Aktion_T4 (22.08.2018).
[118] Der Begriff „Aktion T4" wurde erst nach 1945 gebräuchlich, zum besseren Verständnis aber in diesem Buch schon in den historischen Hintergründen verwendet.

- Gemeinnützige Stiftung für Anstaltspflege, der Arbeitgeber der circa 400 MitarbeiterInnen der „Tötungsbehörde";
- Zentralverrechnungsstelle Heil- und Pflegeanstalten (ZVSt), Abwicklung der Kosten mit den Anstaltsträgern.[119]

Im Innenverhältnis bestand die Organisationszentrale aus sechs Abteilungen:

- der medizinischen Abteilung, zuständig für medizinische Fragen, ärztliche GutachterInnen, Bearbeitung der Meldebögen und die Registratur;
- der Büroabteilung, zuständig für die bürokratische Abwicklung der PatientInnenmorde in den Tötungsanstalten;
- der Hauptwirtschaftsabteilung, zuständig für das Beschaffungswesen und die Finanzen;
- der Transportabteilung, zuständig für die Transportlisten und die Verlegung der Patientinnen und Patienten;
- der Personalabteilung, zuständig für die Mitarbeitenden in den Tötungsanstalten und der Zentrale;
- der Inspektionsabteilung, zuständig für die Einrichtung der Tötungsanstalten.[120]

40 „GutachterInnen" wurden berufen, die anhand von Meldebögen über das Schicksal der Patientinnen und Patienten entscheiden sollten. Das Reichskriminalamt wurde beauftragt, geeignete Tötungsmittel zu testen und schlug hierfür die Verwendung von Kohlenstoffmonoxid (CO) vor.[121]

---

[119] Vgl. Aktion T4: https://de.wikipedia.org/wiki/Aktion_T4 (22.08.2018).
[120] Vgl. T4-Denkmal: Die Organisationszentrale, https://www.t4-denkmal.de/Die-Organisationszentrale (22.08.2018).
[121] Vgl. Aktion T4: https://de.wikipedia.org/wiki/Aktion_T4 (22.08.2018).

Die Orte der Tötungsanstalten wurden bestimmt. Die dazugehörigen Zwischenanstalten wurden ausgesucht, um den Krankenmord zu verschleiern.

Die Planungen für den systematischen Massenmord liefen an. Die Zahl der infrage kommenden Patientinnen und Patienten wurde in einer Besprechung im Oktober 1939 mit 70.000 benannt.[122]

Abb. 30: Villa Liebermann in der Tiergartenstraße 4 um 1935. Ab 1940 Hauptsitz der Organisationszentrale für die Patientenmorde, © Landesarchiv Berlin, F Rep. 290 (01) Nr. 0152461, Foto: Walter Köster.

[122] Vgl. Aktion T4: https://de.wikipedia.org/wiki/Aktion_T4 (22.08.2018).

# Das Unheil nähert sich

## Eine starke Frau

Rosa wollte nicht für diese Menschen arbeiten, das hatte sie nicht nötig. Sie kam aus einer guten Familie und hier wurde sie schlimmer als eine gemeingefährliche Verbrecherin behandelt. Was hatte dieser Hitler aus den Menschen gemacht? Immer machte man ihr Versprechungen, die nicht eingehalten wurden. Niemand nahm sie ernst:

> „Ich bin doch nicht ihr Versuchskarnikel, was die mit mir schon alles angestellt haben. Jeden Tag treiben sie neues Spiel u. neue Schikane mit mir u. geben allerhand Versprechungen. Aber die schlechten Menschen laufen überall herum, anständige Menschen werden eingesperrt weil sie solche Schlechtigkeiten nicht mitmachen können. Den Kindern wird ja der Haß schon eingeimpft, ich weiß doch was los ist, ich darf blos nichts sagen."[123]

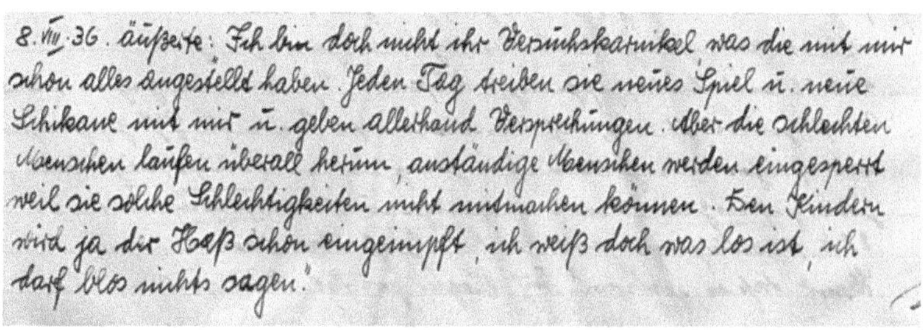
8.VIII.36. äußerte: Ich bin doch nicht ihr Versuchskarnikel was die mit mir schon alles angestellt haben. Jeden Tag treiben sie neues Spiel u. neue Schikane mit mir u. geben allerhand Versprechungen. Aber die schlechten Menschen laufen überall herum, anständige Menschen werden eingesperrt weil sie solche Schlechtigkeiten nicht mitmachen können. Den Kindern wird ja der Haß schon eingeimpft, ich weiß doch was los ist, ich darf blos nichts sagen."

Abb. 31: Rosa Schillings' Krankenakte, Eintrag vom 08.08.1936, R179 25899 Bundesarchiv Berlin.

[123] Rosa Schillings' Krankenakte, Eintrag vom 08.08.1936, R179 25899, Bundesarchiv Berlin (Schreibweise im Original).

Das Essen war nicht genießbar. Rosa verstand nicht, wie die anderen Patientinnen dieses essen konnten. Über sie wurde notiert:

> „Pat. nahm beim Kaffee mehreren Kranken ihr Butterbrot fort, warf es auf den Rasen u. rief: ‚Hunden legt man solche Bissen nicht vor, ich lasse mich nicht zum Tier erniedrigen.‘“[124]

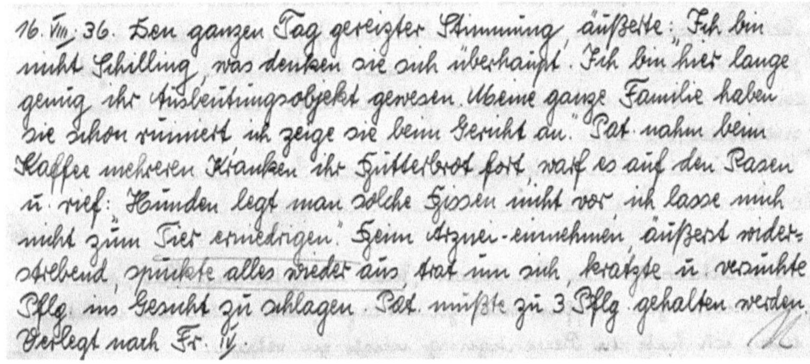

16. VIII. 36. Den ganzen Tag gereizter Stimmung, äußerte: „Ich bin nicht Schilling, was denken sie sich überhaupt. Ich bin hier lange genug ihr Ausbeutungsobjekt gewesen. Meine ganze Familie haben sie schon ruiniert ich zeige sie beim Gericht an.“ Pat. nahm beim Kaffee mehreren Kranken ihr Butterbrot fort, warf es auf den Rasen u. rief: Hunden legt man solche Bissen nicht vor ich lasse mich nicht zum Tier erniedrigen.“ Beim Arznei-einnehmen äußerst widerstrebend, spuckte alles wieder aus, trat um sich, kratzte u. versuchte Pflg. ins Gesicht zu schlagen. Pat. mußte zu 3 Pflg. gehalten werden. Verlegt nach Fr. IV.

Abb. 32: Rosa Schillings' Krankenakte, Eintrag vom 16.08.1936, R179 25899 Bundesarchiv Berlin.

Als man ihr Medikamente geben wollte, weigerte sie sich, diese einzunehmen und spuckte alle wieder aus. Sie wehrte sich gegen die Pflegerin und schlug ihr ins Gesicht. Sie musste durch drei Pflegekräfte festgehalten werden und wurde auf eine andere Station verlegt.

In den folgenden Tagen schlief Rosa wenig, sie schimpfte mit den Pflegerinnen und anderen Patientinnen. Sie wollte nur aus dieser Anstalt heraus:

---

[124] Rosa Schillings' Krankenakte, Eintrag vom 16.08.1936, R179 25899, Bundesarchiv Berlin (Schreibweise im Original).

> „Ich verlange eine anständige Herzuntersuchung durch Professor Tewes, nicht durch irgendeinen Assistenzarzt, das sind doch dumme Jungen. [...] Margarine und Kraut und Kartoffeln kann man Huren und Dirnen vorsetzen, nicht anständigen Frauen, die sich nichts zu Schulden kommen lassen."[125]

Gerne hätte sie etwas anderes als das schlechte Essen in der Anstalt zu sich nehmen wollen. Aber die Menschen, die sie quälten, um etwas zu bitten, dazu war sie zu stolz.

> „Wenn Sie mir ja nicht so unsympathisch wären, hätte ich Sie ja längst um ein Butterbrot mit Leberwurst gebeten, aber von Ihnen nehme ich nichts an, da leide ich lieber Hunger."[126]

Rosa wurde immer zorniger; sie beschimpfte die Pflegerinnen und Ärzte. Für sie waren alle beeinflusst durch das neue Regime in Deutschland:

> „Die Menschen sollen alle mit Kraft durch Freude fahren. Die Kinder sollen möglichst alle in Jugendherbergen schlafen. Die bekommen dann alle ein einheitliches Essen. In das Essen wird etwas hineingetan, damit alle für den Hitler stimmen, so will er seine Leute fangen, der Schweinehund. Aus Frankreich ist ein Gesandter gekommen, dieser hat gesagt: In Deutschland sind alle verrückt geworden. Die Großen laufen mit Bildern herum und die Kleinen mit Pistolen."[127]

---

[125] Rosa Schillings' Krankenakte, Eintrag vom 14.09.1936, R179 25899, Bundesarchiv Berlin.
[126] Rosa Schillings' Krankenakte, Eintrag vom 14.08.1936, R179 25899, Bundesarchiv Berlin.
[127] Rosa Schillings' Krankenakte, Eintrag vom 10.10.1936, R179 25899, Bundesarchiv Berlin.

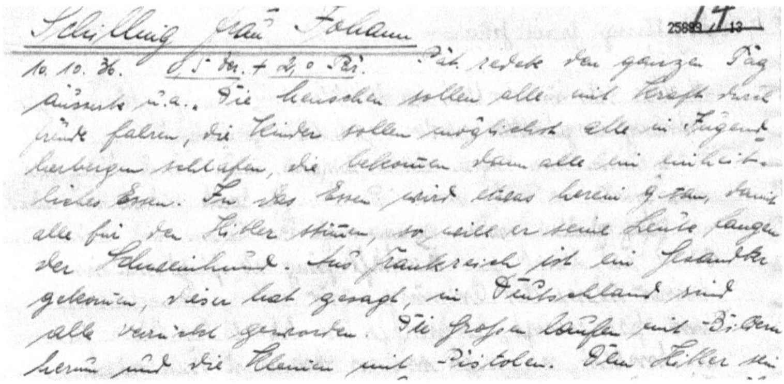

Abb. 33: Rosa Schillings' Krankenakte, Eintrag vom 10.10.1936, R179 25899, Bundesarchiv Berlin.

Ihre Wut wurde immer größer. Könnte sie nur die Zeit zurück drehen:

> „Ich will nach Hause zu meinem Kinde. Der Hitler hat alle Grauen zu Säuen gemacht, wie der Wilhelm da war, war es anders, belogen und betrogen hat er uns, in dem Affenkasten sitze ich jetzt lange genug.“[128]

Rosa wollte sich nicht der „Ordnung“ der Anstalt fügen, sie wehrte sich immer mehr gegen die Pflegerinnen, weigerte sich, die Medikamente zu nehmen und ließ sich nicht zum Arbeiten anhalten. Sie hoffte, dass diese Menschen auch einmal so leiden würden wie sie:

> „Aber es rächt sich alles, hoffentlich spüren Sie das mal selbst.“[129]

---

[128] Rosa Schillings' Krankenakte, Eintrag vom 11.10.1936, R179 25899, Bundesarchiv Berlin.
[129] Rosa Schillings' Krankenakte, Eintrag vom 04.12.1936, R179 25899, Bundesarchiv Berlin.

Wenn Rosa im Dauerbad saß, musste sie mehrere Stunden oder Tage im warmen Wasser sitzen, an Armen und Beinen in der Wanne fixiert. Über ihrem Körper war ein Tuch gespannt, in dem ein Loch war, um den Kopf durchzustecken. Es war eine Folter. Sie konnte nicht aufstehen. Die Haut weichte auf. Aber auch das würde sie durchstehen, sie wusste wohl wofür sie leben musste: für ihren Sohn.

## Nach Berlin gemeldet! – Hintergründe

Rosa entsprach nicht dem Bild der idealen Frau und Mutter der nationalsozialistischen Ideologie; sie passte nicht in das Raster, das dieses System ihr als Frau zugeschrieben hatte. Sie war allein mit ihren Kindern um die halbe Welt und zurück gereist; sie war bis zum Ausbruch ihrer vermeintlichen Krankheit finanziell unabhängig gewesen. Das Leben nach strikten Regeln in den Heil- und Pflegeanstalten war nichts für Rosa und sie lehnte sich dagegen auf. Sie ahnte nicht, dass ein Meldebogen über ihr Schicksal entscheiden würde.

Am 9. Oktober 1939 erfolgte ein Runderlass des Reichsministeriums des Inneren, der an die Heil- und Pflegeanstalten gesandt wurde. Die Anstalten wurden aufgefordert, Patientinnen und Patienten mittels Meldebogen mit detaillierten Angaben zu Krankheit und Arbeitsfähigkeit nach Berlin zu melden.[130] In dem beigefügten Merkblatt heißt es:

> „Zu melden sind sämtliche Patienten, die
> 1. an den nachstehenden Krankheiten leiden und in den Anstaltsbetrieben nicht oder nur mit mechanischen Arbeiten (zupfen u.ä.) zu beschäftigen sind:

[130] Vgl. Aktion T4: https://de.wikipedia.org/wiki/Aktion_T4 (23.08.2018).

Schizophrenie, Epilepsie (wenn exogen, Kriegsschädigung oder andere Ursachen angeben),
senile Erkrankungen
Therapie-refraktäre Paralyse und andere Lues-Erkrankungen
Schwachsinn jeder Ursache
Encephalitis, Huntington und anderen neurologischen Endzuständen;
oder
2. sich seit mindestens 5 Jahre dauernd in Anstalten befinden;
oder
3. Als kriminelle Geisteskranke verwahrt sind;
oder
4. nicht die deutsche Staatsbürgerschaft besitzen oder nicht deutschen oder artverwandten Blutes sind" [131]

In dem begleitenden Schreiben wurden die Heil- und Pflegeanstalten im Ungewissen gelassen, wofür die Meldebögen gedacht waren. Lediglich auf die Notwendigkeit einer planwirtschaftlichen Erfassung wurde verwiesen.[132]

Da die Anstalten über den Zweck der Meldebögen im Unklaren waren und die Arbeitsfähigkeit der Patientinnen und Patienten abgefragt wurde, glaubten viele Anstaltsleiter, dass man ihre arbeitsfähigen Kranken abziehen und in der Rüstungsindustrie einsetzen wollte. Dies führte dazu, dass die Arbeitsfähigkeit der Kranken auf dem Meldebogen abgeschwächt wurde, was fatale Folgen für diese Patientinnen und Patienten hatte.[133]

---

[131] Zitiert aus Klee 2014, S. 92 (Rechtschreibfehler im Original).
[132] Vgl. Aktion T4: https://de.wikipedia.org/wiki/Aktion_T4 (23.08.2018).
[133] Vgl. Leipert, Styrnal, Schwarzer 1987, S. 170.

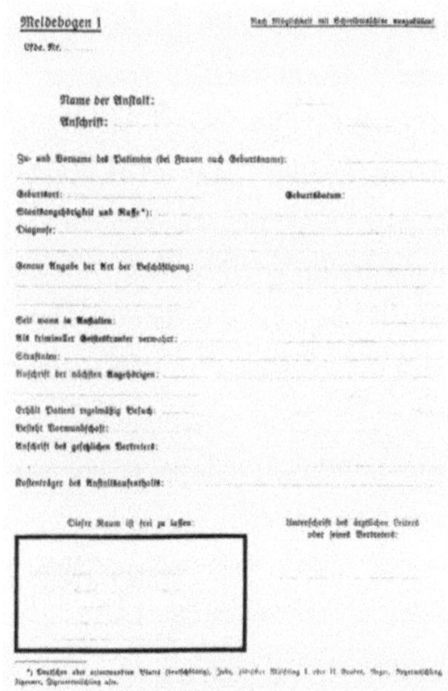

Meldebogen 1

Lfde. Nr.

Name der Anstalt:

Anschrift:

Zu- und Vorname des Patienten (bei Frauen auch Geburtsname):

Geburtsort: Geburtsdatum:

Staatsangehörigkeit und Rasse*):

Diagnose:

Genaue Angabe der Art der Beschäftigung:

Seit wann in Anstalten:

Als krimineller Geisteskranker verwahrt:

Straftaten:

Anschrift der nächsten Angehörigen:

Erhält Patient regelmäßig Besuch:

Besteht Vormundschaft:

Anschrift des gesetzlichen Vertreters:

Kostenträger des Anstaltsaufenthalts:

Dieser Raum ist frei zu lassen:

Unterschrift des ärztlichen Leiters oder seines Vertreters:

Abb. 34: Meldebogen 1939. Quelle: http://www.denktag-archiv.de/Aktion-T4.2246.0.html (23.08.2018).

Mit dem Meldebogen zur Erfassung der kranken Menschen wurde ein zweiter Meldebogen versandt, der die Anstalt selbst abfragte über Baujahr, Größe, Eisenbahn- und Straßenanschluss. Anhand dieser Meldebögen wollte man die zukünftigen Tötungsanstalten bestimmen.[134]

40 ärztliche Gutachter wurden von der Zentralstelle in Berlin berufen, um anhand der zurückgesandten Meldebögen aus den Heil- und Pflegeanstalten per Aktenlage über die Patientinnen und Patienten zu entscheiden, ob diese in den speziell für den Zweck einge-

[134] Vgl. Aktion T4: https://de.wikipedia.org/wiki/Aktion_T4 (23.08.2018).

richteten Tötungsanstalten vergast werden sollten. Als „Obergutachter“ fungierten Werner Heyde[135], Hermann Paul Nitsche[136] und Herbert Linden[137].

Die ausgefüllten Meldebögen wurden in Kopie an insgesamt jeweils drei T4-Gutachter gesandt. Die Gutachter trugen nach Durchsicht des Meldebogens ihre Entscheidung in ein *schwarz umrandetes Feld links unten auf dem Bogen ein. Dabei* bedeutete ein rotes Plus (+), dass die Patientin beziehungsweise der Patient sterben sollte, ein blaues Minus (-) bedeutete Weiterleben. Falls ein Fall nicht einstimmig entschieden wurde, traf der medizinische Leiter als Obergutachter die endgültige Entscheidung.[138]

Anstalten, die die Bearbeitung der Meldebögen ablehnten, wurden durch die Berliner Gutachterkommission inspiziert und die Meldebögen wurden von der Kommission selbst ausgefüllt.

Auch die Heil- und Pflegeanstalt Galkhausen erhielt die Meldebögen. Die Anstaltsleitung wurde angewiesen, die ausgefüllten Bögen bis zum 1. Juli 1940 zurückzusenden.[139]

---

[135] Werner Heyde (1902–1964), deutscher Psychiater, Professor für Psychiatrie und Neurologie an der Universität Würzburg, Leiter der medizinischen Abteilung der „Euthanasie“-Zentrale.

[136] Hermann Paul Nitsche (1876–1948), Direktor der Heil- und Pflegeanstalten Leipzig-Dösen und Pirna-Sonnenstein, Gutachter und medizinischer Leiter der Aktion T4.

[137] Vgl. T4-Gutachter: https://de.wikipedia.org/wiki/T4-Gutachter (16.10.2020).

[138] Vgl. T4-Denkmal: Das Meldebogenverfahren: https://www.t4-denkmal.de/Das-Meldebogenverfahren (20.09.2018).

[139] Vgl. Leipert, Matthias: Die Beteiligung der Provinzial-Heil- und Pflegeanstalt Galkhausen an der Vernichtung psychisch Kranker und Behinderter im Nationalsozialismus. S. 24. In: Leipert, Styrnal, Schwarzer: 1987, S. 22-38.

In der „Chronik des Landeskrankenhauses Langenfeld 1879–1960“ heißt es:

> „Zu Beginn des Jahres 1940 wurde der Patientenbestand der Anstalt stark verdünnt. Dies geschah unter der Angabe, dass der dadurch freiwerdende Raum zur Einrichtung von Lazaretten benutzt werden sollte. Man wies daraufhin, dass die zu erwartenden Kriegshandlungen im Westen einen grossen Verwundetenanfall zur Folge haben würde. Diese – durchaus plausibel klingende – Begründung veranlasste viele Ärzte, sich der Aufstellung von sog. Transportlisten zu widmen. Besonders alte und gebrechliche Patienten und Patientinnen, die kein Arbeitspotential darstellten, wurden auf diese Listen gesetzt. Es wurde den Ärzten bedeutet, dass diese Patienten in psychiatrische Krankenhäuser gebracht würden, die im Inneren oder Osten des Reiches lägen. So kam es zu diesen Patiententransporten.“[140]

Diese Äußerungen sind die einzigen Hinweise in der Chronik auf die „Euthanasie“-Verbrechen im Nationalsozialismus.

Zu einer Belegungsstatistik, die ich bei meinem Gespräch in der LVR-Klinik Langenfeld erhalten habe, ist es widersprüchlich, dass sich der Patientenstand 1940 verringert hat. Dieser hat sich erst 1943 mit den Transporten der Patientinnen und Patienten in den Osten des Reiches stark reduziert.

In der Chronik steht, dass besonders alte und gebrechliche Patienten und Patientinnen, die kein Arbeitspotential darstellten, auf diese Listen gesetzt wurden. Dies steht jedoch im Widerspruch dazu, dass

[140] Chronik des Landeskrankenhauses Langenfeld 1879–1960, S. 55 (Schreibweise im Original).

Rosa Schillings am 1. Juli 1940 nach Berlin gemeldet wurde, wie auf dem Deckblatt ihrer Krankenakte vermerkt wurde. Rosa war zu diesem Zeitpunkt erst 41 Jahre alt. Auch als gebrechlich konnte man sie nicht bezeichnen, da sie sehr kämpferisch war und sich nie selbst aufgegeben hatte. Da Rosa eine Person war, die sich nicht in das Anstaltsleben einfügte und sich weigerte, die von ihr geforderten Arbeiten zu verrichten, ist anzunehmen, dass man auch Patientinnen und Patienten, die für die Ärzte und das Pflegepersonal eine „Last" darstellten, auf die Listen gesetzt hatte.

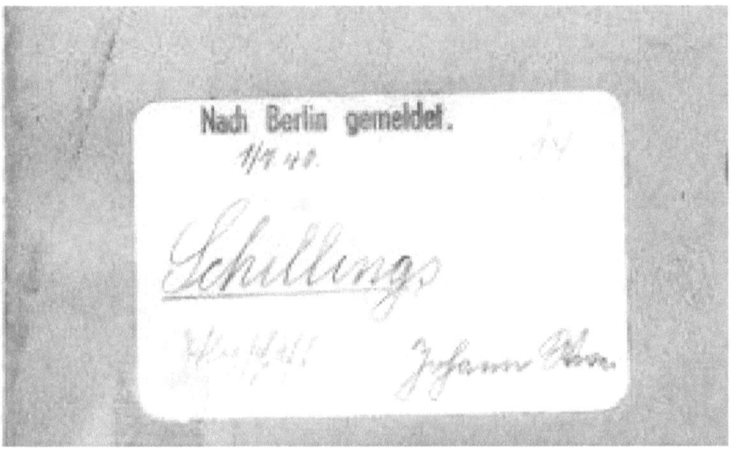


Abb. 35: Deckel der Krankenakte von Rosa Schillings mit dem Vermerk „Nach Berlin gemeldet. 1/7 40.", Rosa Schillings' Krankenakte, R179 25899, Bundesarchiv Berlin.

Mehr als 200.000 Patientinnen und Patienten aus den Heil- und Pflegeanstalten wurden durch die Meldebögen erfasst, davon wurden etwa 70.000 von den Gutachtern als „lebensunwertes Leben" aussortiert. Unabhängig von den Meldebögen und den Urteilen der T4-

Gutachter erfolgte 1940 eine Sonderaktion, in der mehr als 2.000 jüdische Psychiatriepatientinnen und -patienten allein aufgrund ihrer „Rassenzugehörigkeit“ getötet wurden.[141]

[141] T4-Denkmal: „Euthanasie“ und Holocaust, https://www.t4-denkmal.de/Euthanasie-und-Holocaust (18.09.2018).

# Der Irrsinn wird vorbereitet

## Den Willen kann man nicht brechen!

Rosa stand vor der Pflegerin und schimpfte. Was hatte man aus ihr gemacht? Ihre schönen Kleider hatte man ihr genommen; sie trug die blaue Anstaltskleidung. Statt ihrer geliebten Hüte trug sie ein Kopftuch, wie alle Patientinnen. Wie sie das hasste. Und ihr einst so schönes Gesicht kam ihr vor wie eine Fratze. Aber ihren Willen konnten sie nicht brechen. Sie war immer noch stark. Rosas Stimmungen schwankten, an einigen Tagen schimpfte sie laut, an anderen Tagen war sie sehr traurig und saß teilnahmslos an ihrem Platz. Auf Nachfragen äußerte sie dann:

> „Es fehlt mir wirklich nichts, ich habe nur entsetzliches Heimweh, kann ich denn wirklich nicht zu meinem Kind, gib mir doch Fahrgeld bis nach Köln.“[142]

Sie wollte nichts essen, da sie Angst hatte, dass man ihr etwas in das Essen gemischt hatte:

> „Beschimpft den Pfleger: ‚Gehen Sie, meiner Mutter haben Sie auch so viel angetan in Aachen, mir tun Sie das Gift und Narkose ins Essen.‘“[143]

Die Ärzte bezeichneten sie weiterhin als wahnhaft und für die Gemeinschaft störend, da sie Rosa nicht beugen konnten und sie sich

---

[142] Rosa Schillings’ Krankenakte, Eintrag vom 21.02.1937, R179 25899, Bundesarchiv Berlin.
[143] Rosa Schillings’ Krankenakte, Eintrag vom 10.03.1937, R179 25899, Bundesarchiv Berlin.

nicht am Anstaltsleben beteiligte. Sie wollte nicht an den täglichen Arbeiten – beispielsweise der Hausarbeit – teilnehmen. Auch wollte sie sich nicht von den Pflegerinnen anfassen lassen. Wie konnten diese Menschen es wagen, ihre Haare zu kämmen. Was hatten sie vor?

> „Als Pat. zur Arbeit angehalten wurde, schimpfte sie: ‚Arbeiten Sie doch selber, Sie tun doch den ganzen Tag nichts; wenn ich mich beschäftige, werde ich Nachts in unsittlicher Weise behandelt, meinen Sie ich wüßte das nicht. Warum kämmen Sie dauernd die Leute, nur damit die Schlechtigkeit rauskommt.'"[144]

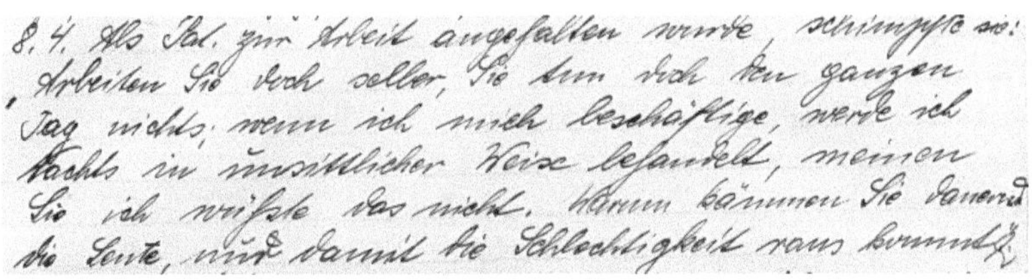
8.4. Als Pat. zur Arbeit angehalten wurde, schimpfte sie: ‚Arbeiten Sie doch selber, Sie tun doch den ganzen Tag nichts; wenn ich mich beschäftige, werde ich Nachts in unsittlicher Weise behandelt, meinen Sie ich wüßte das nicht. Warum kämmen Sie dauernd die Leute, nur damit die Schlechtigkeit raus kommt.'

Abb. 36: Rosa Schillings' Krankenakte, Eintrag vom 08.04.1937, R179 25899, Bundesarchiv Berlin.

Warum sollte sie für diese Menschen, die sie quälten, arbeiten? Sie bezahlte für ihren Aufenthalt, ihre medizinische Versorgung und die Pflege selbst. Aber was man hier mit ihr machte, war Schikane. Sie kam sich vor wie in einem Gefängnis.

> „Schimpfte zeitweise sehr laut, war zu keiner Arbeit zu bewegen. Als Pflegerin ihr eine Unterlage zum Stopfen

[144] Rosa Schillings' Krankenakte, Eintrag vom 08.04.1937, R179 25899, Bundesarchiv Berlin (Schreibweise im Original).

> brachte, äußerte Patientin: ‚Ihre schmutzigen Lappen können sie selbst stopfen; […]'"[145]

Wenn sie zur Ordnung und Arbeit angehalten wurde, äußerte sie:

> „Ich darf hier machen, was ich will, ich werde meinen Willen zeigen."[146]

Auch die Anstaltskleidung wollte sie nicht tragen, aber sie musste – diese widerlichen blauen Kleider und Schürzen. Was hatte sie doch für schöne Kleider, Kostüme und Mäntel gehabt. Wie gerne hatte sie Hüte getragen. Jean hatte es so geliebt, wenn sie sich elegant kleidete und edlen Schmuck trug. Als Rosa sich die blaue Schürze umbinden sollte, fuhr sie die Pflegerin an:

> „Ich soll mir nur die Augen an den Blauen verderben. Ihr verderbt eure ja nicht daran."[147]

Aus Äußerungen von Rosa, die in der Krankenakte aufgeführt wurden, wird auch ein Teil ihres körperlichen Zustandes ersichtlich. Rosa hatte an Gewicht verloren, da sie sich weigerte, die eintönige und geschmacklose Anstaltskost zu essen, die keinen Nährwert hatte.

> „Beim Kaffeetrinken warf sie ihr Butterbrot mit der Bemerkung über den Tisch: ‚Das Hundefutter können sie selber essen, das mag ich nicht.'"[148]

---

[145] Rosa Schillings' Krankenakte, Eintrag vom 31.05.1938, R179 25899, Bundesarchiv Berlin.
[146] Rosa Schillings' Krankenakte, Eintrag vom 12.07.1936, R179 25899, Bundesarchiv Berlin.
[147] Rosa Schillings' Krankenakte, Eintrag vom 19.01.1937, R179 25899, Bundesarchiv Berlin.
[148] Rosa Schillings' Krankenakte, Eintrag vom 23.10.1937, R179 25899, Bundesarchiv Berlin.

Die Jahre in Galkhausen hatten auch Rosas Äußeres stark verändert. Rosa erkannte ihr einst so schönes Gesicht nicht mehr. Was hatte man aus ihr gemacht? Sie war doch eine schöne Frau, als sie nach Galkhausen kam.

> „Pat ist sehr erregt, wenn sie bei der Pfleg nicht ihren Willen bekommt, äußerte: ‚Sie sind ein ganz gemeines Weib. Ihr könnt ja nichts anderes als die Leute zu mißhandeln und ihnen nichts zu essen geben. Die haben in 98 mein junges Gesicht genommen und haben mir ihre Fratze gegeben, etwas anderes können sie doch nicht u jetzt können sie lachen.'"[149]

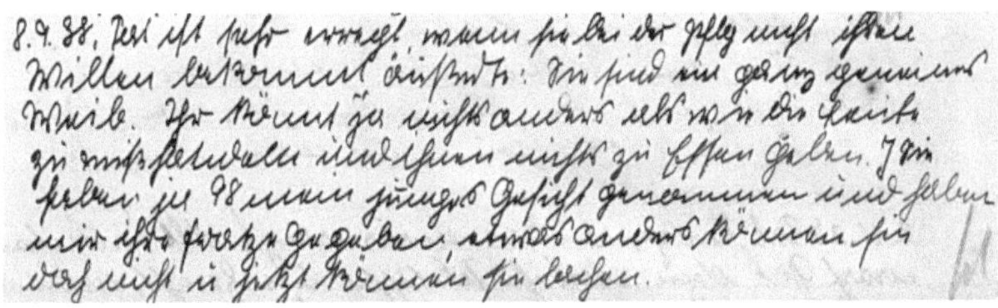

Abb. 37: Rosa Schillings' Krankenakte, Eintrag vom 08.09.1938, R179 25899, Bundesarchiv Berlin.

## Errichtung der Tötungsanstalten – Hintergründe

Rosa wollte nicht für diese Menschen arbeiten, die ihr ihre Freiheit geraubt hatten. Sie ahnte nicht, dass man in Berlin ihr Schicksal bereits bestimmt hatte. Der Aufbau der Tötungsanstalten begann. Die T4-Zentrale organisierte den Aufbau von sechs Tötungsanstalten:

---

[149] Rosa Schillings' Krankenakte, Eintrag vom 08.09.1938, R179 25899, Bundesarchiv Berlin (Schreibweise im Original).

Grafeneck in Württemberg: Während der Planungsphase der Aktion T4 war der damalige Samariterstift Grafeneck vom Württembergischen Innenministerium als Tötungsanstalt vorgeschlagen. Die Wahl von Grafeneck als Standort für die erste Tötungsanstalt beruhte darauf, dass es sehr einsam im Wald lag und mit nur zwei Auffahrten leicht abschirmbar war. Zudem konnte das Schloss als Verwaltungsgebäude und Wohngebäude für das Personal genutzt werden. In Grafeneck fanden Krankenmorde vom 20. Januar 1940 bis Dezember 1940 statt.[150]

Brandenburg: Die Tötungsanstalt Brandenburg, getarnt als Landes-Pflegeanstalt Brandenburg an der Havel, war ein ehemaliges Zuchthaus und von 1933 bis 1934 als Konzentrationslager genutzt worden. Brandenburg war die zweite errichtete Tötungsanstalt. Hier fanden Krankenmorde vom 8. Februar 1940 bis Oktober 1940 statt.[151]

Schloss Hartheim bei Linz/Donau: Das Schloss Hartheim wurde nach mehreren Besitzerwechseln 1898 dem Oberösterreichischen Landeswohltätigkeitsverein geschenkt. Im März 1940 wurden die Patientinnen und Patienten verlegt und die Anstalt zu einer Tötungsanstalt umgebaut. In Hartheim wurden in der Zeit vom 6. Mai 1940 bis Dezember 1944 Krankenmorde begangen. Nach August 1941

[150] Vgl. Tötungsanstalt Grafeneck: https://de.wikipedia.org/wiki/T%C3%B6tungsanstalt_Grafeneck#%C3%96rtlichkeit (25.08.2018).

[151] Vgl. Altes Zuchthaus Brandenburg an der Havel: https://de.wikipedia.org/wiki/Altes_Zuchthaus_Brandenburg_an_der_Havel (25.08.2018).

wurde die Tötung der Patientinnen und Patienten in Hartheim fortgesetzt. Statt Gas wurden andere Tötungsmethoden angewandt.[152]

Sonnenstein bei Pirna: Sonnenstein war eine frühere Burganlage und Festung. Sie wurde 1811 zur Anstalt für Geisteskranke umgebaut. 1928 wurde Hermann Paul Nitsche, ab 1939 T4-Obergutachter, zum Direktor der Heilanstalt Sonnenstein berufen. Im Frühjahr 1940 wurde in einem abgeschirmten Teil des Anstaltsgeländes die Tötungsanstalt errichtet. Von Juni 1940 bis September 1942 wurden hier Krankenmorde begangen. Wie in Hartheim wurden auch hier die Morde nach Einstellung der Gasmorde mit anderen Methoden fortgesetzt.[153]

Bernburg an der Saale: Die Heil- und Pflegeanstalt Bernburg löste die zum 28. Oktober 1940 geschlossene Tötungsanstalt Brandenburg ab. Ein Großteil des Personals aus Brandenburg wechselte nach Bernburg. Die Tötungsanstalt befand sich in einem abgetrennten Teil der Heil- und Pflegeanstalt. Nach Beendigung der Gasmorde wurde die „Euthanasie“ dezentral weitergeführt. Die Morde begannen am 21. November 1940 und endeten am 30. Juli 1943.[154]

Hadamar bei Limburg: Die Tötungsanstalt Hadamar wurde als letzte dieser Anstalten eingerichtet. 1940 traf ein Abgesandter der Berliner Reichskanzlei in Hadamar ein, um den Umbau eines Flügels des

---

[152] Vgl. Schloss Hartheim: https://de.wikipedia.org/wiki/Schloss_Hartheim (25.08.2018).
[153] Vgl. Tötungsanstalt Pirna-Sonnenstein: https://de.wikipedia.org/wiki/T%C3%B6tungsanstalt_Pirna-Sonnenstein (25.08.2018).
[154] Vgl. Tötungsanstalt Bernburg: https://de.wikipedia.org/wiki/T%C3%B6tungsanstalt_Bernburg (25.08.2018).

Hauptgebäudes der Heil- und Pflegeanstalt für die Tötungen umzubauen. Hier wurden auch neue Büro-, Schlaf- und Gesellschaftsräume für das T4-Personal geschaffen. Im Keller wurde eine Gaskammer (getarnt als Duschraum), ein Sezierraum und ein Krematorium mit zwei Verbrennungsöfen eingebaut. Im Innenhof wurde eine hölzerne Busgarage errichtet.[155]

Abb. 38: Tötungsanstalt Hadamar, um 1940/1945.
© LWV-Archiv, F Eu Nr. 19.

[155] Vgl. Tötungsanstalt Hadamar: https://de.wikipedia.org/wiki/T%C3%B6tungsanstalt_Hadamar (25.08.2018).

Im Dezember 1940 kam extra für das „Euthanasie-Programm“ ausgewähltes Personal nach Hadamar: Ärzte, Schwestern und Pfleger, viele hatten bereits in Grafeneck gemordet. Drei graue Omnibusse der Gekrat (Gemeinnützige Krankentransport GmbH) wurden in der Heilanstalt Hadamar stationiert.[156]

Leiter der Tötungsanstalt Hadamar wurde Ernst Baumhard[157], der vorher Vergasungsarzt in Grafeneck war. Er nahm im Januar 1941 seinen Dienst in Hadamar auf. Stellvertreter wurde Günther Hennecke[158], der ebenfalls vorher in Grafeneck als Vergasungsarzt gearbeitet hatte. Die Tätigkeit der beiden Ärzte in Hadamar war nur von kurzer Dauer. Nach Differenzen mit dem T4-Organisator Viktor Brack gingen Baumhard sowie sein Stellvertreter Hennecke im Sommer 1941 zur Kriegsmarine. Dort kamen sie im Juni 1943 bei einem U-Boot-Einsatz ums Leben.[159]

Die Patientinnen und Patienten, die für die T4-„Euthanasie“ vorgesehen waren, wurden nicht direkt in die Tötungsanstalten gebracht, sondern in den sogenannten Zwischenanstalten aus verschiedenen Heil- und Pflegeanstalten „gesammelt“. Hiermit wollte man den wahren Weg der Kranken verschleiern, aber auch die Aufenthaltszeiten in den Tötungsanstalten verkürzen.[160] Die Angehöri-

---

[156] Vgl. ebd.

[157] Ernst Baumhard (1911–1943), Vergasungsarzt in den Tötungsanstalten Grafeneck und Hadamar.

[158] Günther Hennecke (1912–1943), Vergasungsarzt in den Tötungsanstalten Grafeneck und Hadamar.

[159] Vgl. Ernst Baumhard: https://de.wikipedia.org/wiki/Ernst_Baumhard und Günther Hennecke: https://de.wikipedia.org/wiki/G%C3%BCnther_Hennecke (25.08.2018).

[160] Vgl. Haus im Rosengarten: http://www.zermahlenegeschichte.de/files/Guenzburg/Schild_neu_1.pdf (25.08.2018).

gen wurden über diese Verlegungen nicht informiert. Von den Zwischenanstalten wurden die Menschen dann nach Hadamar abgerufen und dort getötet.[161]

Der Tötungsanstalt Hadamar waren neun Zwischenanstalten zugeordnet: Landes-Heilanstalt Herborn, Landes-Heilanstalt Weilmünster, Landes-Heil- und Pflegeanstalt Eichberg, Privat-Heilerziehungsanstalt Kalmenhof, Heilerziehungs- und Pflegeanstalt Scheuern, Pflegeanstalt Andernach, Pflegeanstalt Wiesloch, Heilanstalt Weinsberg und Heil- und Pflegeanstalt Galkhausen.[162]

Um Platz für die zu verlegenden Patientinnen und Patienten zu schaffen, wurden erst die nach Berlin gemeldeten und durch die T4-Gutachtern aussortierten Patientinnen und Patienten der Zwischenanstalten in den Tod geschickt.

Die Rheinprovinz konnte verhindern, dass Tötungsanstalten auf ihrem Gebiet errichtet wurden. Nicht verhindern konnte sie aber, dass Zwischenanstalten eingerichtet wurden.

Da es Widerstand aus den Heil- und Pflegeanstalten des Rheinlandes gegen die Einrichtungen von Tötungsanstalten und Zwischenanstalten gab, wurden Anfang 1941 mehrere Konferenzen mit den Anstaltsleitern, rheinischen Ministerialbeamten und Verantwortlichen der Berliner T4-Zentrale abgehalten. Als einer der Widerständler galt Prof. Dr. Walter Creutz[163], von 1935 bis 1945 Medizinaldezernent in der Provinzialverwaltung der Rheinprovinz.

Am 29. März 1941 wurden die rheinischen Anstaltsleiter von Creutz zu einer Konferenz nach Düsseldorf eingeladen. Creutz teilte

[161] Vgl. Tötungsanstalt Hadamar: https://de.wikipedia.org/wiki/T%C3%B6tungsanstalt_Hadamar (25.08.2018).
[162] Vgl. Tötungsanstalt Hadamar: https://de.wikipedia.org/wiki/T%C3%B6tungsanstalt_Hadamar (25.08.2018).
[163] Walter Creutz (1889–1971) deutscher Psychiater und Medizinaldezernent in der Provinzialverwaltung der Rheinprovinz.

ihnen mit, dass der Krankenmord jetzt auch in der Rheinprovinz bevorstehe.[164] Ab sofort sollten die Heil- und Pflegeanstalten Galkhausen und Andernach als Zwischenanstalten auf den Weg in die Tötungsanstalten dienen.

> „Wie ernst die Lage war, zeigte sich darin, dass noch am Tage der Konferenz eine Ärztekommission der ‚T4'-Zentrale unter der Leitung von Prof. Nitsche in Andernach erschien. Wenige Tage später erreichte die gleiche Kommission, jetzt unter der Leitung des berüchtigten Dr. Schmalenbach[165], Galkhausen. Die Kommission ging unter Bezugnahme auf die 1940 ausgefüllten Meldebögen über die Stationen und stellte in Galkhausen eine Liste von 409 Patienten zusammen."[166]

Diese Ursprungskranken der Heil- und Pflegeanstalt Galkhausen sollten umgehend in die Tötungsanstalt Hadamar transportiert werden, um Platz zu schaffen für die todgeweihten Patientinnen und Patienten aus anderen Anstalten.

Die T4-Gutachter entschieden meist nur anhand der Krankenakten und den Auskünften des Pflegepersonals über Leben und Tod der Patientinnen und Patienten, nicht durch Untersuchungen der Kranken.

Aus der Anstalt Galkhausen ist von einem Zeitzeugen bekannt, dass Schmalenbach mit der Begutachtung der Patientinnen und Patienten schneller als seine Kollegen war und diese kritisierte, wenn

---

164 Vgl. Leipert 1987, S. 32.

165 Curt Schmalenbach (1910–1944), deutscher Arzt, beteiligt als Gutachter im Rahmen der Aktion T4, stellvertretender Leiter in der Tötungsanstalt Sonnenstein in Pirna und Leiter der NS-Tötungsanstalt Hadamar.

166 Vgl. Leipert 1987, S. 33.

sie Kranke zurückstellen wollten. Seine Beurteilung der Kranken wirkte sehr oberflächlich.[167]

Von den Entwicklungen zutiefst erschüttert, erlag der damalige Anstaltsleiter der Heil- und Pflegeanstalt, Dr. Georg Beyerhaus, am 17. April 1941 auf dem Düsseldorfer Hauptbahnhof einem Herzinfarkt.[168] Seine Nachfolge wurde schnell geregelt, ebenso der Einsatz der für die Frauen- und Männerseite zuständigen Ärzte, die für den ordnungsgemäßen Abtransport der ausgewählten Patientinnen und Patienten verantwortlich waren.

Am 3. Mai 1941 trat der neue Direktor der Heil- und Pflegeanstalt, Dr. Leonhard Josef Winkel[169], seinen Dienst an. Dr. Max Rohde[170], der seit mehreren Jahren in Galkhausen tätig war, übernahm die Frauenseite der Anstalt. Dr. Felix Weißenfeld[171], bisher in Düsseldorf-Grafenberg tätig, übernahm am 4. Mai 1941 die Männerseite in Galkhausen.[172]

---

[167] Vgl. Curt Schmalenbach: Aussage Dr. Krause vom 10. November 1947 in Düsseldorf, ZStL., „Sammlung Euthanasie“, Ordner Kn-Kz. Nach: Schilter „Unmenschliches Ermessen“ S. 186, https://de.wikipedia.org/wiki/Curt_Schmalenbach (16.10.2020)

[168] Vgl. Leipert 1987, S. 33.

[169] Leonhard Josef Winkel (1891–1945), Anstaltsarzt in den Heil- und Pflegeanstalten Bedburg-Hau und Galkhausen.

[170] Max Rohde (1904–?), Psychiater in der Heil- und Pflegeanstalt Galkhausen.

[171] Felix Weißenfeld (1898–?), Psychiater in der Heil- und Pflegeanstalt Galkhausen.

[172] Vgl. Leipert 1987, S. 34.

# Das Morden beginnt

**Ich werde den Mord an mir aufklären!**

Rosa stand im Zimmer des Arztes. Jetzt war sie fast fünf Jahre hier. Sollte sie den Rest ihres Lebens hier verbringen? Hatte man sie draußen vergessen? Was war aus ihrem Sohn geworden? Wie ging es ihm? Lebte er noch und war er gesund?

Rosa hatte laut Krankenakte nur zweimal Besuch bekommen. Sie wollte nicht mit dem Besuch sprechen und zog sich ängstlich vor der Person zurück, der sie vorwarf, ihr ihren Sohn genommen zu haben. Die Ärzte sahen keine Besserung und bezeichnen sie weiter als wahnhaft und zerfahren, mit keinerlei Krankeneinsicht.

> „Pat. verlangt ihre Kleider und Geld was man ihr gestohlen habe, ich muß zu meinen Kindern, ich bin eine anständige Frau und Mutter […].‘ Äußerte sich: ‚daß man ihr anfangs gesagt hätte, sie brauche nur drei Tage hier bleiben.“[173]

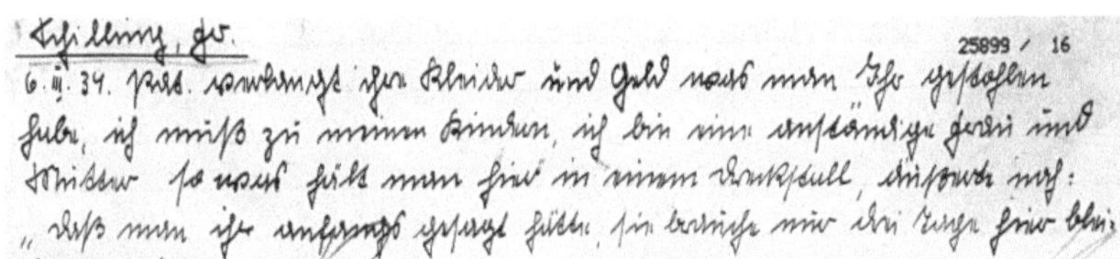
Schillings, geb.
25899 / 16
6. III. 39. Pat. verlangt ihre Kleider und Geld was man ihr gestohlen habe, ich muß zu meinen Kindern, ich bin eine anständige Frau und Mutter [illegible], äußerte sich: „daß man ihr anfangs gesagt hätte, sie brauche nur drei Tage hier bleiben müsse.

Abb. 39: Rosa Schillings’ Krankenakte, Eintrag vom 09.03.1939, R179 25899, Bundesarchiv Berlin.

[173] Rosa Schillings’ Krankenakte, Eintrag vom 09.03.1939, R179 25899, Bundesarchiv Berlin (Schreibweise im Original).

Für die Ärzte und die Pflegerinnen war sie nach wie vor eine unangenehme Patientin, die sich nicht in das Anstaltsleben fügte. Auf dem Deckblatt der Akte war von den Ärzten bereits vermerkt, dass sie Rosa am 1. Juli 1940 nach Berlin gemeldet hatten.

Rosa verstand nicht, warum sie immer noch in der Anstalt war. Immer wieder suchte sie Gründe dafür:

> „Das ist doch kein Grund mich 5 Jahre im Pang[174] festzuhalten! Ich werde festgehalten wegen zu vornehmen Lebens, Handelns, Sprechens und Gekleidet sein, weil ich den Kindern kein Plattdeutsch gelernt hätte!“[175]

Die Einträge in die Krankenakte wurden immer weniger. 1936 und 1937 hatten sowohl Ärzte als auch Pflegerinnen regelmäßig Einträge in der Krankenakte vorgenommen. 1939 findet man fünf Einträge vom Pflegepersonal und vier Arzteinträge. 1940 drei Einträge von Ärzten und einen Eintrag des Pflegepersonals. 1941 sind zwei Pfleger- und zwei Arzteinträge in der Krankenakte verzeichnet.

Für Rosa war es sehr irritierend, dass immer wieder Besichtigungsgruppen in die Heil- und Pflegeanstalten Galkhausen kamen. Diese Leute gingen durch die Stationen und beobachteten die Patientinnen und Patienten. Viele von ihnen lachten und machten Witze über die Patientinnen und Patienten. Rosa wurde wie ein Tier im Zoo begutachtet.

Die Patientinnen und Patienten in den Heil- und Pflegeanstalten wurden immer unruhiger. Es kursierten Gerüchte, dass in anderen Heil- und Pflegeanstalten graue Busse ankamen und die Menschen

---

[174] Gefängnis.

[175] Rosa Schillings' Krankenakte, Eintrag vom 19.01.1941, R179 25899, Bundesarchiv Berlin.

zu einem unbekannten Ziel brachten. Man sprach von neuen Patientinnen und Patienten, die in diese Anstalten kamen, die aber nur kurze Zeit blieben und dann ebenfalls abgeholt wurden auf eine Fahrt ins Ungewisse. Auch Rosa hatte davon gehört und ihr war wahrscheinlich bewusst, dass sie dieses Schicksal auch ereilen könnte. Im Januar 1941 wurde der vorletzte Eintrag über Rosa in ihrer Akte vorgenommen. Demnach hatte Rosa geäußert:

> „Was muss ich für Angaben machen? Ich habe das doch alles schon mal gesagt, es ist nichts nachgekommen! Ich habe die Ehrenrechte der ganzen Welt, ich bin [als] Staatsanwältin angestellt, um selbst aufzuklären, warum ich gemordet worden bin! Ich bin ohne Sinnen gestorben!“[176]

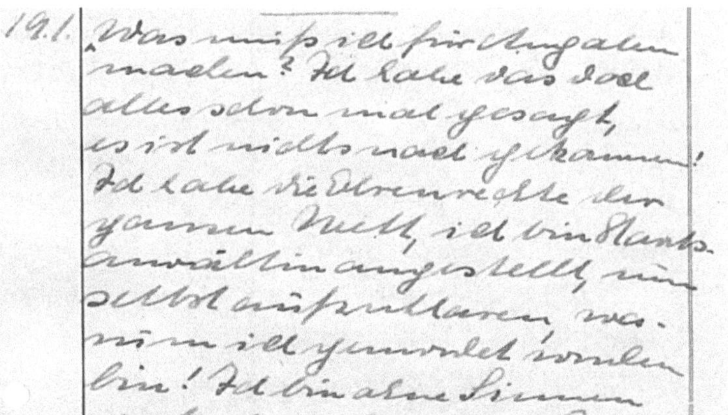
19.1. „Was muß ich für Angaben machen? Ich habe das doch alles schon mal gesagt, es ist nichts nachgekommen! Ich habe die Ehrenrechte der ganzen Welt, ich bin Staatsanwältin angestellt, um selbst aufzuklären, warum ich gemordet worden bin! Ich bin ohne Sinnen gestorben!

Abb. 40: Rosa Schillings' Krankenakte, Eintrag vom 19.01.1941, R179 25899, Bundesarchiv Berlin.

[176] Rosa Schillings' Krankenakte, Eintrag vom 19.01.1941, R179 25899, Bundesarchiv Berlin.

Ende März/Anfang April 1941 kamen fremde Ärzte in die Heil- und Pflegeanstalt Galkhausen. Sie gingen durch die Stationen und begutachteten die Patientinnen und Patienten, so auch Rosa. Sie hatten Akten bei sich und machten sich Notizen. Als sie zu Rosa kamen, sprachen sie über Rosas Krankenzustand. Rosa verstand nicht, was sie sagten, aber sie ahnte nichts Gutes. Sie machten sich Notizen. Ohne sie nur eines Wortes zu würdigen, gingen die Ärzte weiter zur nächsten Patientin.

Was hatten diese Menschen gewollt? Was hatten sie mit ihr vor? War dies ihr Todesurteil? Würde sie ihren Sohn wiedersehen oder würde er bald ganz alleine auf dieser Welt stehen?

## Transport in den Tod – Hintergründe

Rosa war früher gerne mit dem Auto oder mit dem Bus gefahren. Wie schön war es gewesen, mit Jean in seinem Auto über die Insel Borneo zu fahren. Die Kinder hatten immer so viel Spaß dabei gehabt. Rosa ahnte nicht, dass ein Fahrzeug sie zu ihrer Ermordung fahren würde.

Unter dem Tarnnamen „Gemeinnützige Krankentransportgesellschaft m.b.H." oder kurz „Gekrat" arbeitete eine Unterabteilung der T4-Zentrale. Die Gekrat war im Rahmen der Aktion T4 für den Transport von psychisch kranken und behinderten Menschen in die Tötungsanstalten zuständig.[177] Benutzt wurden für die Krankentransporte Reichspost-Busse und Omnibusse. Diese Busse waren anfänglich rot lackiert, später wurden die Busse mit einem grauen

---

[177] Vgl. Gemeinnützige Krankentransportgesellschaft: https://de.wikipedia.org/wiki/Gemeinn%C3%BCtzige_Krankentransportgesellschaft (26.08.2018).

Anstrich versehen. Die Fenster wurden mit Vorhängen verhüllt, mit grauer Farbe gestrichen oder mit Milchglasscheiben ausgestattet, sodass weder die Patientinnen und Patienten heraussehen, noch Außenstehende in die Busse hineinsehen konnten. Jeder Bus wurde durch zwei Pflegekräfte begleitet. In den Bussen waren Vorrichtungen eingebaut worden, um unruhige Kranke am Sitz festzuschnallen. Auch Handschellen wurden mitgeführt.[178]

Abb. 41: Transportbusse. © Hessisches Staatsarchiv HHSTAW Abt. 3008/1 Nr. 1012.

Mit den Transportlisten der Patientinnen und Patienten, die in Zwischen- oder Tötungsanstalten gebracht werden sollten, erhielten die Anstalten ein Merkblatt mit vielfältigen Anweisungen:

[178] Vgl. Gemeinnützige Krankentransportgesellschaft: https://de.wikipedia.org/wiki/Gemeinn%C3%BCtzige_Krankentransportgesellschaft (26.08.2018).

„Betr.: Verlegung von Geisteskranken.
Bei der Verlegung von Geisteskranken bitte ich, bei der Durchführung nachstehende Punkte genauestens zu beachten und zu befolgen:
1.) Personalakten: Die Personalakten sind bei der Verlegung mitzugeben.
2.) Krankengeschichten: Die Krankengeschichten sind bei der Verlegung mitzugeben.
3.) Eigentumsnachweiskarten: Die Eigentumsnachweiskarten sind peinlichst genau auszufüllen unter Beachtung der beigefügten Richtlinien, Männer weiß, Frauen gelb.
4.) Geldbeträge: Die Geldbeträge sind in einer besonderen Aufstellung mit 2 Durchschlägen (als Quittung anzusehen) bereitzuhalten.
5.) Wertgegenstände: Die Wertgegenstände des betr. Kranken sind gleichfalls in einer Sonderaufstellung mit 2 Durchschlägen bereitzuhalten.
Zu Punkt 4.) und 5.) bemerke ich, daß die Eintragungen auf den Eigentumsnachweiskarten auch enthalten sein müssen.
6.) Persönliches Eigentum der zu verlegenden Kranken ist fertig verpackt mit Namen des Betreffenden versehen mitzugeben.
7.) Markierung der Kranken: Die Geisteskranken sind mit einem Leukoplaststreifen zu versehen, auf dem der Name des betr. Kranken geschrieben steht und der auf dem Rücken zwischen den Schulterblättern befestigt wird.
8.) Kranke, deren Zustand einen längeren Transport nicht gestattet, und für sie lebensgefährlich werden würde, dürfen nicht verlegt werden.
9.) Unruhige Kranke sind vor Beginn der Verlegung mit entsprechenden Beruhigungsmitteln zu versehen.
10.) Die Anstaltsleitung ist dafür verantwortlich, daß keiner der zu verlegenden Kranken im Besitz von Messern oder sonstigen gefährlichen Gegenständen ist.“[179]

[179] Vgl. Klee 2014, S. 131 (Schreibweise im Original).

Die Angehörigen durften erst nach dem Abtransport benachrichtigt werden. In einem standardisierten Schreiben wurde ihnen mitgeteilt, dass ihre Angehörigen aus kriegswichtigen Gründen in eine andere Anstalt verlegt wurden, deren Name und Anschrift nicht bekannt sei, und diese Anstalt sie in Kürze über die Ankunft der Angehörigen informieren würde.[180]

Anfänglich sollen die Kranken noch fröhlich in die Busse eingestiegen sein, da sie dachten, sie würden einen Ausflug machen. Es sprach sich aber unter den Patientinnen und Patienten der Heil- und Pflegeanstalten sehr schnell – trotz strikter Geheimhaltung – herum, dass die Menschen, die in die Busse stiegen, in den Tod gefahren wurden. Zitat einer Pflegeschwester aus Kaufbeuren-Irsee:

> „Die ist auch vergast worden und die war noch bös zu uns, sie hat es geahnt. ‚Mörderinnen' hat sie uns geheißen, wie man sie in den Bus rein hat. ‚Ihr seid Mörderinnen, ihr bringt uns um'."[181]

Eine Patientin aus der Anstalt Johannisthal berichtete:

> „Morgens um 5 standen die Autos an Station V. Wir haben am Fenster gestanden. Die, die weg mußten, haben geschrien. Auch meine Freundin Elisabeth, die war wohl 30 Jahre alt, ist weggekommen. Wer eine gute Arbeitskraft war, der konnte bleiben. Ich habe Angst gehabt, ich wollte nicht weg von hier. Ich habe das oft gesehen. Immer morgens früh. Die haben die Patienten

---

[180] Vgl. Klee 2014, S. 132.

[181] Graf, Hendrik: Die Situation der Patienten und des Pflegepersonals der rheinischen Provinzial-Heil- und Pflegeanstalten in der Zeit des Nationalsozialismus. S. 49f. In: Leipert, Styrnal, Schwarzer. Zitiert aus Mader, Ernst T.: Das erzwungene Sterben von Patienten der Heil- und Pflegeanstalt Kaufbeuren-Irsee zwischen 1940 und 1945 nach Dokumenten und Berichten von Augenzeugen, Verlag an der Säge, Blöchtach 1982, S. 151f.

> feste reingedeut. Manchmal haben sie die Kranken auch getreten."[182]

Ein Patient aus Düsseldorf berichtete:

> „Die, die mit mußten, haben Bescheid gekriegt. Sie haben ihre Sachen gekriegt und dann waren sie weg. Die waren traurig und haben geweint. Auch Frauen waren dabei. Keiner hat sich gewehrt. Die haben Spritzen gekriegt, die meisten."[183]

Wie tief diese Ereignisse im Bewusstsein der Überlebenden verankert waren, zeigt ein Beispiel aus den 1970er Jahren der LVR-Klinik Langenfeld: Ein junger Psychiater hatte einen Ausflug mit dem Bus für die Patientinnen seiner Station organisiert. Bis auf eine Patientin saßen alle im Bus. Diese Patientin, die seit über 50 Jahren in der Klinik lebte, saß mit Handtasche und Hut ausgestattet in ihrem Zimmer und weigerte sich, es zu verlassen. Sie erklärte dem Arzt, dass sie nicht in den Bus steigen würde, sie habe dieses schon so oft erlebt, die Patientinnen und Patienten seien nicht wieder gekommen und man sage, sie seien alle ermordet worden.[184]

Am 28. April 1941 kamen die Busse der Gekrat zum ersten Mal nach Galkhausen und brachten 90 Patienten nach Hadamar. Der zweite Transport mit 90 Patientinnen, zu denen auch Rosa Schillings gehörte, erfolgte am 2. Mai 1941. Um Platz zu schaffen für die Patientinnen und Patienten, für die Galkhausen als Zwischenanstalt vorgesehen war, starben 370 Galkhauser Patientinnen und Patienten in Hadamar.[185] Einige Patientinnen und Patienten, die auf der Liste

---

[182] ALVR, Sammlung Graf, Interview mit Zeitzeugin K. In: Leipert, Styrnal, Schwarzer 1987, S. 50.
[183] ALVR, Sammlung Graf, Interview mit Zeitzeugin K. In: Leipert, Styrnal, Schwarzer 1987, S. 50 (Schreibweise im Original).
[184] Bericht eines Psychiaters im Gespräch mit der Autorin, Januar 2018.
[185] Vgl. Leipert 1987, S. 33f.

der T4-Gutachter standen, konnten durch die Ärzte und den Leiter der Anstalt gerettet werden – vermutlich mit dem Argument der Arbeitsfähigkeit.

Ein Teil der Transportliste von Galkhausen nach Hadamar vom 2. Mai 1941 ist in dem Buch „Verlegt nach unbekannt: Sterilisation und Euthanasie in Galkhausen 1933–1945“ von Leipert, Styrnal und Schwarzer veröffentlicht.[186] 89 Frauen fuhren mit Rosa Schillings in den Tod. Vier Patientinnen von den ursprünglich 94 vorgesehenen Opfern wurden in der Heil- und Pflegeanstalt zurückgehalten.

---

[186] Leipert, Styrnal, Schwarzer 1987, S. 217. Die vollständigen Namen stehen im Bundesarchiv: https://www.bundesarchiv.de/DE/Content/Downloads/Aus-unserer-Arbeit/liste-patientenakten-euthanasie.pdf?__blob=publicationFile (07.09.2018).

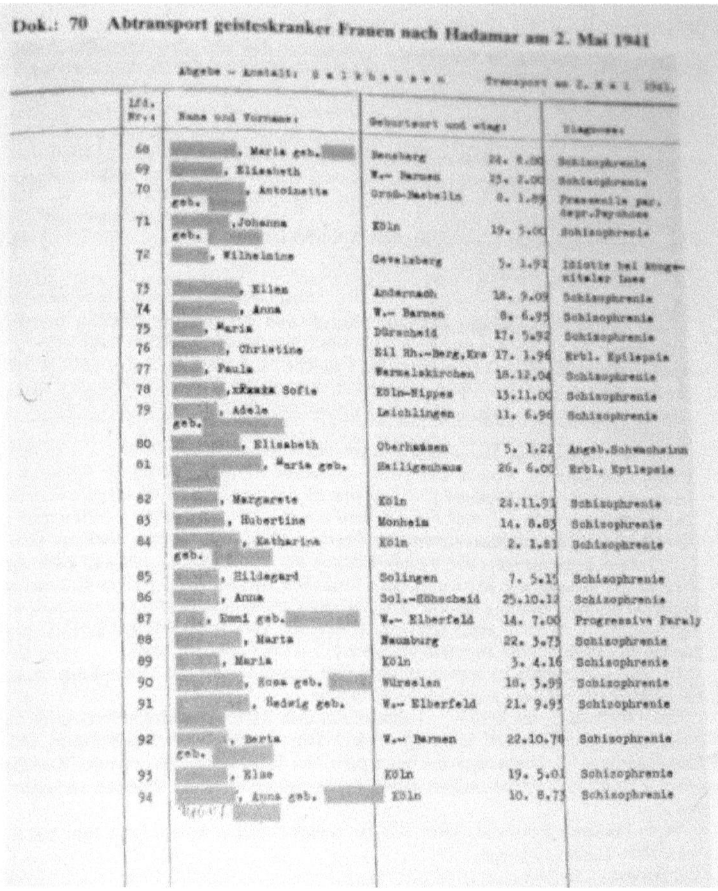

Dok.: 70 Abtransport geisteskranker Frauen nach Hadamar am 2. Mai 1941

Abgabe - Anstalt: G a l k h a u s e n    Transport am 2. M a i 1941.

| Lfd. Nr.: | Name und Vorname: | Geburtsort und -tag: | | Diagnose: |
|---|---|---|---|---|
| 68 | , Maria geb. | Bensberg | 24. 8.00 | Schizophrenie |
| 69 | , Elisabeth | W.- Barmen | 23. 2.00 | Schizophrenie |
| 70 | , Antoinette geb. | Groß-Maebellin | 8. 1.89 | Frauenseile par. depr.Psychose |
| 71 | , Johanna geb. | Köln | 19. 5.00 | Schizophrenie |
| 72 | , Wilhelmine | Gevelsberg | 5. 1.91 | Idiotie bei kongenitaler Lues |
| 73 | , Ellen | Andernach | 18. 9.09 | Schizophrenie |
| 74 | , Anna | W.- Barmen | 8. 6.95 | Schizophrenie |
| 75 | , Maria | Dürscheid | 17. 5.92 | Schizophrenie |
| 76 | , Christine | Eil Rh.-Berg.Krs | 17. 1.96 | Erbl. Epilepsie |
| 77 | , Paula | Wermelskirchen | 18.12.04 | Schizophrenie |
| 78 | ,x[illegible] Sofie | Köln-Nippes | 13.11.00 | Schizophrenie |
| 79 | , Adele geb. | Leichlingen | 11. 6.96 | Schizophrenie |
| 80 | , Elisabeth | Oberhausen | 5. 1.22 | Angeb.Schwachsinn |
| 81 | , Marie geb. | Heiligenhaus | 26. 6.00 | Erbl. Epilepsie |
| 82 | , Margarete | Köln | 24.11.91 | Schizophrenie |
| 83 | , Hubertine | Monheim | 14. 8.83 | Schizophrenie |
| 84 | , Katharina geb. | Köln | 2. 1.81 | Schizophrenie |
| 85 | , Hildegard | Solingen | 7. 5.15 | Schizophrenie |
| 86 | , Anna | Sol.-Höhscheid | 25.10.12 | Schizophrenie |
| 87 | , Emmi geb. | W.- Elberfeld | 14. 7.00 | Progressive Paraly |
| 88 | , Marta | Naumburg | 22. 3.73 | Schizophrenie |
| 89 | , Maria | Köln | 3. 4.16 | Schizophrenie |
| 90 | , Rosa geb. | Würselen | 18. 3.99 | Schizophrenie |
| 91 | , Hedwig geb. | W.- Elberfeld | 21. 9.95 | Schizophrenie |
| 92 | , Berta geb. | W.- Barmen | 22.10.78 | Schizophrenie |
| 93 | , Else | Köln | 19. 5.01 | Schizophrenie |
| 94 | , Anna geb. | Köln | 10. 8.73 | Schizophrenie |

Abb. 42: Transportliste von Galkhausen nach Hadamar. Aus: Leipert, Matthias; Styrnal, Rudolf; Schwarzer, Winfried: Verlegt nach unbekannt: Sterilisation und Euthanasie in Galkhausen 1933–1945, 1987, S. 217.

Am 6. Mai 1941 traf der erste Transport von Patientinnen und Patienten aus Düsseldorf-Grafenberg in der Zwischenanstalt Galkhausen ein. Insgesamt wurden 997 Kranke aus den rheinischen Heil- und Pflegeanstalten nach Galkhausen gebracht – vorgesehen als „Zwischenstation" auf den Weg in die Tötungsanstalt Hadamar.[187] Weitertransporte aus der „Zwischenanstalt" Galkhausen in die „Vollzugsanstalt" Hadamar:[188]

| **Lfd. Nr.** | **Verlege-datum** | **Männer** | **Frauen** | **Gesamt** | **Bemerkungen** |
|---|---|---|---|---|---|
| 1 | 28.04.1941 | 90 | - | 90 | Patienten der Anstalt Galkhausen |
| 2 | 02.05.1941 | - | 90 | 90 | Patienten der Anstalt Galkhausen |
| 3 | 05.05.1941 | 90 | - | 90 | Patienten der Anstalt Galkhausen |
| 4 | 27.05.1941 | 45 | 45 | 90 | Patienten der Anstalt Galkhausen |
| 5 | 24.06.1941 | 36<br>25 | -<br>31 | 36<br>56 | Patienten der Anstalten Waldniel und Galkausen |
| 6 | 30.06.1941 | 65<br>27 | -<br>- | 65<br>27 | Patienten der Anstalten Waldniel und Süchteln |
| 7 | 22.07.1941 | - | 77 | 77 | Patienten der Anstalt Süchteln |
| 8 | 28.07.1941 | 90<br>4 | 66<br>4 | 156<br>8 | Patienten der Anstalten Düren und Galkhausen |
| 9 | 20.08.1941 | - | 85 | 85 | Patienten der Anstalt Krefeld |
| | | **472** | **398** | **870** | |

[187] Vgl. Leipert, Styrnal, Schwarzer 1987, S. 93f.
[188] Leipert, Styrnal, Schwarzer 1987, S. 192.

Aus dieser Liste geht hervor, dass aus der Heil- und Pflegeanstalt Galkhausen insgesamt 870 Menschen nach Hadamar in den Tod verlegt wurden.

Immer wieder versuchten die Anstalten, arbeitsfähige Patientinnen und Patienten zurückzuhalten, aber dies ging nur in geringem Umfang. Über Galkhausen ist bekannt, dass 24 GalkhauserInnen und 18 „Zwischenanstalts"-PatientInnen durch die Anstaltsleitung vor dem Abtransport nach Hadamar bewahrt werden konnten.[189]

Die Differenz zwischen den aus den rheinischen Anstalten nach Galkhausen transportierten Personen und denen, die nach Hadamar überführt wurden, beruht auf dem Stopp der Aktion T4. Diese Personen blieben nach dem 24. August 1941 vorerst in der Heil- und Pflegeanstalt Galkhausen.

Die Busse und das Geschehen in der Anstalt Galkhausen blieben auch in den umliegenden Gemeinden nicht verborgen:

> „Hiesige Zeitzeugen [...] lassen noch heute Schauder erkennen an die schwarz-grau gestrichenen und verhängten Busse, die sie wie dunkle Särge erlebten."[190]

---

[189] Vgl. Leipert 1987, S. 35.
[190] Vgl. Leipert 1987, S. 33f.

# Menschenverachtend

## Heute […] in eine andere Anstalt verlegt

Rosa stand nackt vor dem Arzt. Man hatte sie in eine andere Anstalt gebracht. Der Arzt und das anwesende Pflegepersonal sahen sie an. Was war geschehen? Am 2. Mai 1941 musste Rosa schon ganz früh morgens ihre Koffer packen. Die Pflegerin hatte ihr vorher einen Leukoplast-Streifen auf den Rücken geklebt, auf dem stand ihr Name und die Zahl 90. Ebenso hatte man die 90 groß auf ihre Krankenakte geschrieben. Insgesamt sollten 94 Patientinnen „verlegt“ werden; vier von ihnen wurden von der Liste gestrichen und durften in Galkhausen bleiben. Rosa war nicht dabei. Es erfolgte die letzte Eintragung in Rosas Krankenakte am 02. Mai 1941:

> „Heute auf Anordnung des Herrn Reichs~~kommissars~~verteidigungskommissars in eine andere Anstalt verlegt.“[191]

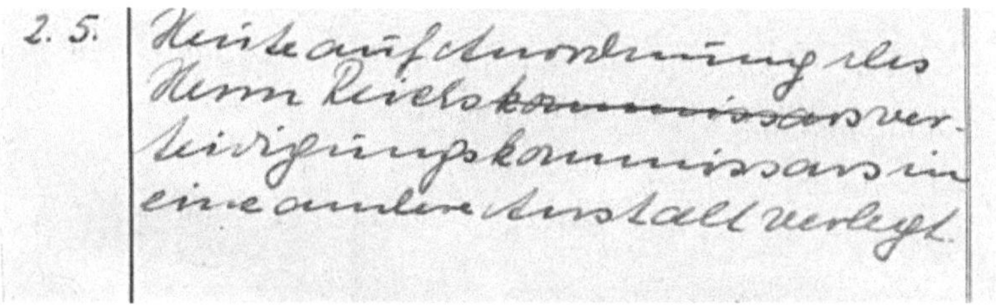
2. 5. Heute auf Anordnung des Herrn Reichs~~kommissars~~verteidigungskommissars in eine andere Anstalt verlegt.

Abb. 43: Der letzte Eintrag in Rosa Schillings’ Krankenakte, datiert vom 2. Mai 1941, R179 25899, Bundesarchiv Berlin.

[191] Rosa Schillings’ Krankenakte, Eintrag vom 02.05.1941, R179 25899, Bundesarchiv Berlin.

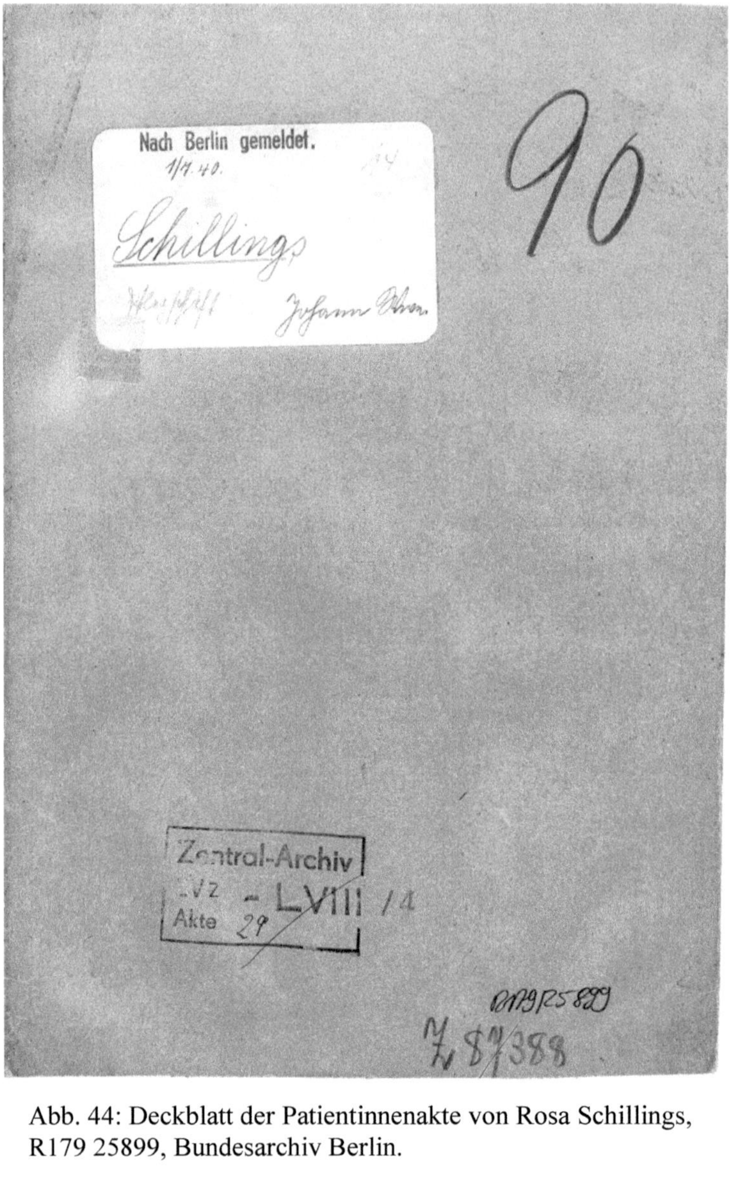


Abb. 44: Deckblatt der Patientinnenakte von Rosa Schillings, R179 25899, Bundesarchiv Berlin.

Die grauen Busse standen schon vor dem Eingang der Heil- und Pflegeanstalt in Galkhausen bereit. Mit Rosa wurden 89 Patientinnen zu den Bussen gebracht. Viele von ihnen weinten und schrien; sie hatten Angst davor, wohin man sie brachte und was man dort mit ihnen machen würde. Aber keine konnte fliehen. Alle ausgewählten Patientinnen wurden in die Busse hineingepfercht. Die Türen schlossen sich und der Bus, in dem Rosa und die anderen Frauen saßen, fuhr los. Sie konnten nicht aus den Fenstern hinaussehen, denn die Fensterscheiben waren aus Milchglas. Sie hatten Angst vor dem, was jetzt kommen würde. Rosa war die ersten dreißig Jahre auf der Sonnenseite des Lebens gewesen, doch dann wendete sich das Schicksal gegen sie. Man hatte sie allein gelassen, ihre Familienangehörigen hatten sie vergessen. Vielleicht dachte Rosa an ihren Sohn und an ihre verstorbenen Familienmitglieder, die sie geliebt hatte und von denen sie geliebt worden war: an ihre Eltern, an ihren Ehemann Jean und an ihre kleine Tochter Inge.

Nach der über dreistündigen Fahrt hielt der Bus. Rosa stieg mit den anderen Patientinnen aus Galkhausen in einer Garage aus und wurde zum Haus gebracht in einen großen Schlafsaal. Das Pflegepersonal sagte ihnen, sie sollten sich ausziehen und die bereitliegenden Militärmäntel überwerfen; sie würden jetzt von einem Arzt untersucht und dann zum Duschen gebracht. Ihre Koffer und die Kleidung könnten sie auf den Betten liegen lassen.

Man führte Rosa in das Zimmer des Arztes. Er sah sie an, machte sich eine kurze Notiz und nickte. Danach fotografierte man sie von allen Seiten. Wir können nicht wissen, was Rosa in diesen Momenten durch den Kopf ging. Wusste sie, was diese Meschen mit ihr vorhatten? Warum sie fotografiert wurde? Vermutlich hatte sie große Angst, was mit ihr geschehen würde. Hatte auch sie von vielen Patientinnen und Patienten gehört, die weggbracht wurden und deren Todesnachricht kurze Zeit später überbracht wurde? Musste auch sie nun sterben? Sie war doch erst 42 Jahre alt und hatte noch einen Sohn. Gregor würde bald 15 Jahre alt werden. Sie hatte ihn schon fünf Jahre nicht mehr gesehen.

## Was geschieht mit uns? – Hintergründe

Rosa war in die menschenverachtende Maschinerie der T4-Zentrale und ihrer Mitarbeitenden geraten. Sie war verloren. Es gab keine Rettung für sie. Was sie empfand? Wie unermesslich groß muss ihre Angst gewesen sein? Wir wissen es nicht. Wir können es nur erahnen.

Ende September 1939 begannen die ersten Krankenmorde im besetzten Polen. Ab Oktober 1939 wurden mehrere Tausend Kranke aus pommerschen Anstalten erschossen. Weitere 1.100 Patientinnen wurden in Posen getötet. Im Dezember 1939 wurden Kranke in Meseritz-Obrawalde und Tiegenhof in mobilen Gaswagen getötet. Im Januar 1940 wurde im Beisein der T4-Organisatoren eine „Probevergasung" in der Anstalt Brandenburg durchgeführt.[192] Der Raum war wie ein Duschraum aufgebaut und war circa 15 Quadratmeter groß bei einer Höhe von drei Metern. Die Eingangstür war wie eine Luftschutztür konstruiert und hatte ein rechteckiges Guckloch, durch das die Anwesenden T4-Ärzte das Sterben der Menschen im Gasraum beobachten konnten.[193]

Jetzt nahmen die Tötungsanstalten ihren Betrieb auf: Grafeneck im Januar 1940, Brandenburg im Februar 1940, Hartheim im Mai 1940, Pirna-Sonnenstein im Juni 1940.

---

[192] Vgl. Leipert, Styrnal, Schwarzer 1987, S. 91f.
[193] Vgl. Klee 2014, S. 120.

Brandenburg wurde bereits im Oktober 1940 geschlossen und im November 1940 durch die Tötungsanstalt Bernburg ersetzt. Grafeneck stellte im Dezember 1940 die Tötungen ein und wurde im Januar 1941 durch die Tötungsanstalt Hadamar abgelöst.

Am 13. Januar 1941 begannen die Gasmorde in Hadamar. Mit den drei Gekrat-Bussen, die zur Tötungsanstalt Hadamar gehörten, wurden die Patientinnen und Patienten aus den Anstalten beziehungsweise Zwischenanstalten geholt. Extra für diese Transporte vorgesehenes Pflegepersonal aus Hadamar begleitete die Überführung der Patientinnen und Patienten in die Tötungsanstalt.[194]

Abb. 45: Busgarage in Hadamar, 2018.
© Gedenkstätte Hadamar, Valentin Pfleger.

[194] Vgl. Lilienthal, Georg: Gaskammer und Überdosis. Die Landesheilanstalt Hadamar als Mordzentrum (1941–1945). In: George, Uta; Lilienthal, Georg; Roelcke, Volker; Sandner, Peter; Vanja, Christina (Hg.): Heilstätte, Tötungsanstalt, Therapiezentrum Hadamar, Marburg 2006, S. 156–175.

Wieder zurück in Hadamar, fuhren die Busse in die Busgarage im Innenhof der Anstalt. Erst wenn alle Tore geschlossen waren, durften die Patientinnen und Patienten die Busse verlassen, damit sie nicht von dem Gelände fliehen konnten und vor den Blicken der Bevölkerung abgeschirmt waren. Durch einen hölzernen gedeckten Schleusengang wurden sie in das Hauptgebäude geführt.[195] Den Ankommenden wurde ein normaler Anstaltsbetrieb vorgetäuscht. Sie wurden in einen großen Bettensaal geführt. Dort mussten sie sich ausziehen und bereithalten für eine „Aufnahmeuntersuchung". Ihnen wurde meist ein ausgedienter Militärmantel übergehängt. Anhand der mitgelieferten Krankenakten und der Transportlisten wurde eine Identitätskontrolle durchgeführt.[196] Nun wurden die Kranken in ein Arztzimmer geführt. Die „Aufnahmeuntersuchung" diente lediglich dazu, eine Todesursache zu bestimmen, die nicht im Widerspruch zur Krankengeschichte der Patientin beziehungsweise des Patienten stand. Hierfür hatte die T4-Zentrale eine Liste mit möglichen Todesursachen bereitgestellt.[197] In der Anfangsphase der „Euthanasie"-Morde war es vorgekommen, dass eine Todesursache auf den Sterbeurkunden angegeben war, die von den Angehörigen widerlegt werden konnte und so das Misstrauen der Bevölkerung weckte. So war beispielsweise ein Blindarmdurchbruch als Todesursache vermerkt worden, obwohl der Blinddarm bei diesem Patienten schon in seiner Kindheit entfernt worden war.[198]

---

[195] Vgl. Lilienthal 2006. Zitiert nach Birkenfeld 2017, S. 9, http://www.gedenkstaette-hadamar.de/files/702/gsha_eigenstaendiger-rundgang_2020-02.pdf (21.02.2021).

[196] Ebd.

[197] Ebd.

[198] Landeszentrale für politische Bildung Baden-Württemberg: https://www.lpb-bw.de/publikationen/euthana/Euthanasie.pdf (26.08.2018).

Die Ärzte markierten die Patientinnen und Patienten, wenn diese Goldzähne hatten oder es sich bei ihnen um einen wissenschaftlich interessanten Krankheitsfall handelte. Danach wurden drei Fotografien gemacht: Frontal- und Seitenaufnahme des Kopfes und eine Ganzkörperaufnahme. Dieses diente der Dokumentation.[199]

Die Patientinnen und Patienten wurden in den Keller geführt und in die Gaskammer gebracht. Die Gaskammer war als Duschraum getarnt. Der Raum war gefliest und an der Decke befanden sich Duschköpfe. Den Patientinnen und Patienten hatte man gesagt, dass sie nun erst einmal duschen sollten. Wenn der Raum voll war, meist wurden 30 bis 45 Menschen in den Raum gedrängt, wurde die Tür verschlossen und der verantwortliche Arzt ließ das Gas einströmen.[200]

Abb. 46: Gaskammer der Tötungsanstalt Hadamar, 2018
© Gedenkstätte Hadamar, Valentin Pfleger.

[199] Vgl. Lilienthal 2006. Zitiert nach Birkenfeld 2017, S. 9, http://www.gedenkstaette-hadamar.de/files/702/gsha_eigenstaendiger-rundgang_2017-12.pdf (26.08.2018).
[200] Vgl. Lilienthal 2006. Zitiert nach Birkenfeld 2017, S. 9, http://www.gedenkstaette-hadamar.de/files/702/gsha_eigenstaendiger-rundgang_2017-12.pdf (26.08.2018).

Die T4-Organisatoren hatten auf Anraten des Reichskriminalamtes entschieden, dass die Tötung der ausgesonderten Patientinnen und Patienten der Heil- und Pflegeanstalten durch Kohlenstoffmonoxid erfolgen sollte. Das Einführen des Gases durfte nur durch einen Arzt der Tötungsanstalt erfolgen, da Hitlers Ermächtigungsschreiben vom 1. September 1939 sich nur auf Ärzte bezog.[201]
Aquilin Ullrich[202], Tötungsarzt in Brandenburg, beschrieb den Tod in der Gaskammer völlig emotionslos und lässt die Menschen, die ermordet wurden, außer Acht:

> „Der gesamte Tötungsvorgang nach Schließung der Türen des Vergasungsraumes und Öffnung des CO-Ventils betrug etwa 20 Minuten […]. Dann wurde zunächst der Ventilator angelassen und das Gas abgesaugt unter gleichzeitiger Zufuhr von Frischluft. Bis zum Öffnen der Türen verging etwa eine halbe bis dreiviertel Stunde. Die Dauer der Gaszufuhr war allein abhängig von der beobachteten Wirkung. Der Zufluß des Gases wurde abgestellt, sobald der beobachtende Arzt keine Bewegung mehr in dem Vergasungsraum feststellte."[203]

Andere Zeitzeugen berichten über das Sterben in Hadamar, das sie durch ein Guckloch beobachteten:

> „Durch dieses sah ich etwa 40 bis 45 Männer, die dicht gedrängt im Nebenraum waren und nun langsam starben. Einige lagen auf der Erde, andere waren zusammengesunken, viele hatten den Mund auf, als wenn sie

---

[201] Vgl. Aktion T4: https://de.wikipedia.org/wiki/Aktion_T4 (26.08.2018).
[202] Aquilin Ullrich (1914–2001), Arzt in der NS-Tötungsanstalt Brandenburg, Mitglied der Planungsgruppe der Zentraldienststelle T4.
[203] Zitiert nach Klee 2014, S. 145.

> keine Luft mehr bekamen. Die Todesart war so qualvoll, dass man von einer humanen Tötung nicht sprechen konnte."[204]

Ein weiterer Augenzeuge berichtete:

> „Die darin befindlichen Personen waren völlig verzweifelt und versuchten, aus dem Raum herauszugelangen."[205]

Nicht nur die Ärzte der Tötungsanstalten und das dortige Personal sahen sich die Tötungen an, sondern auch T4-Gutachter kamen in die Tötungsanstalten, um den Tötungen beizuwohnen. Wie menschenverachtend die T4-Organisatoren und das T4-Personal waren, wird durch den Sprachgebrauch verdeutlicht, der im Zusammenhang mit der Ermordung der behinderten und psychisch kranken Menschen verwendet wurde: Von den T4-Organisatoren wurde die Tötung der kranken Menschen als „Desinfizierung" bezeichnet. Ihr Tod wurde mit dem Vermerk „erledigt" versehen.[206]

Die Gefühllosigkeit zeigt sich auch an einer Zeitzeugenaussage über die Tötung des 10.000sten Opfers in Hadamar:

> „Wir versammelten uns dann gegen Abend auf dem Flur im rechten Flügel, wo jeder eine Flasche Bier empfing und von wo aus es dann in den Keller ging. Dort war auf einer Bahre ein nackter männlicher Toter mit einem großen Wasserkopf aufgebahrt. Auf Vorbehalt erkläre ich mit Bestimmtheit, daß es ein wirklicher Toter und keine Papierleiche war. Der Tote wurde von den

---

[204] Zitiert nach Klee 2014, S. 517.
[205] Zitiert nach Klee 2014, S. 517.
[206] T4-Denkmal.de: Die „Aktion T4", https://www.t4-denkmal.de/Die-Aktion-T4 (29.08.2018).

> Brennern auf eine Art Trog gelegt und in den Verbrennungsofen geschoben. Hierzu hielt Merkle[207], der sich nach Art eines Geistlichen zurechtgemacht hatte, eine Leichenpredigt.“[208]

Vom 13. Januar bis 24. August 1941 wurden 10.072 Menschen in Hadamar ermordet.

[207] Adolf Merkle (1907–1959) Büroangestellter in Hadamar.
[208] Zitiert nach Klee 2014, S. 257 (Schreibweise im Original).

# In der Hölle

## Lieber Gott, hilf mir …

Man hatte Rosa nach der ärztlichen Begutachtung die Treppe hinuntergeführt, nahm ihr den Mantel ab und schob sie, nackt wie sie war, in einen gefliesten Raum. An der Decke waren Duschköpfe angebracht. Immer mehr nackte Frauen wurden in den Raum gezwängt. Die Tür wurde von außen geschlossen und aus den Duschköpfen entströmte Gas. Es brach Panik unter den Patientinnen aus. Sie versuchten verzweifelt, die Tür zu öffnen, aber es gelang ihnen nicht. Die Frauen schrien, weinten und einige beteten. Rosa bekam keine Luft mehr und verlor das Bewusstsein.

Dann waren alle Patientinnen im Raum tot. Sie waren ermordet worden in Hadamar.

Rosa starb an diesem 2. Mai 1941 qualvoll in der Gaskammer von Hadamar, gemordet durch Menschenhand.

## Die Handlanger des Teufels – Hintergründe

Rosas Kampf war verloren. Sie war nun – hoffentlich – in einer besseren Welt. Ob sich die Tötungsärzte der Anstalt Hadamar, Ernst Baumhard und Günther Hennecke, darüber bewusst waren, was sie ihr und den anderen Opfern sowie deren Kindern und Familien angetan hatten? Oder war es für sie ein normaler Tagesablauf?

Nachdem das Gas abgesaugt und der Gasraum mit Frischluft gefüllt war, wurden die Türen geöffnet und die sogenannten „Brenner“ zogen die Leichen heraus. Es bot sich ihnen ein schrecklicher Anblick. Die Leichen der Getöteten lagen auf dem Boden, der mit

Stuhl, Menstruationsblut und Erbrochenem beschmutzt war. Die Menschen hatten sich im Todeskampf ineinander verkrallt und mussten mit Gewalt getrennt werden.[209]

Die Leichen wurden im angrenzenden Krematorium verbrannt. Den vorher gekennzeichneten Opfern wurden die Goldzähne ausgebrochen. Andere, ebenfalls gekennzeichnete Opfer wurden in einen angrenzenden Sezierraum gebracht; ihnen wurden Organe – meist das Gehirn – für die Wissenschaft entnommen.[210]

Die Asche der Opfer wurde teilweise auf dem Anwesen der Tötungsanstalten verscharrt.

Abb. 47: Über Hadamar breitete sich die schwarze Wolke des Todes aus, 1941. © LWV-Archiv.

[209] Euthanasie im NS-Staat: Grafeneck im Jahr 1940 der Landeszentrale für politische Bildung Baden-Württemberg, 2000: https://www.lpb-bw.de/publikationen/euthana/ (21.09.2018).

[210] Euthanasie im NS-Staat: Grafeneck im Jahr 1940 der Landeszentrale für politische Bildung Baden-Württemberg, 2000: https://www.lpb-bw.de/publikationen/euthana/ (21.09.2018).

Nach den Morden übernahm das in der Tötungsanstalt beschäftigte Verwaltungspersonal die Unterrichtung der Angehörigen und Behörden. Jede Tötungsanstalt hatte ein eigenes Standesamt, das ausschließlich für die Beurkundung der Sterbefälle zuständig war. In sogenannten „Absteckabteilungen“ wurden die Heimatorte auf Landkarten markiert, um so auffällige örtliche und zeitliche Häufungen von Todesfällen durch Fälschung der Sterbedaten zu vermeiden.[211]

Die Angehörigen der Opfer erhielten einen sogenannten Trostbrief, in dem sie über die bereits erfolgte Einäscherung informiert wurden. In diesen Briefen wurde der Tod als „Erlösung vom Leiden“ beschrieben. Beigefügt waren zwei im Sonderstandesamt der Tötungsanstalt ausgestellte Sterbeurkunden mit falschen Angaben über die Todesursache, das Datum und in einigen Fällen auch über den Ort des Todes.[212]

Das Datum des Todes wurde immer einige Tage oder Wochen später angegeben als das wirkliche Sterbedatum, dadurch wurden Pflegegelder erschlichen, durch die die Tötungsprogramme finanziert wurden.[213]

Der Trostbrief an Rosa Schillings’ Angehörige existiert nicht mehr, deshalb wird hier die Abschrift eines Briefes aus dem Buch „Verlegt nach unbekannt“ wiedergegeben:

---

[211] Vgl. T4-Denkmal: Bürokratische Abwicklung, https://www.t4-denkmal.de/Buerokratische-Abwicklung (21.09.2018).
[212] Vgl. T4-Denkmal: Bürokratische Abwicklung, https://www.t4-denkmal.de/Buerokratische-Abwicklung (21.09.2018).
[213] Vgl. T4-Denkmal: Bürokratische Abwicklung, https://www.t4-denkmal.de/Buerokratische-Abwicklung (21.09.2018).

„Heil- und Pflegeanstalt Hadamar
Hadamar b. Limburg/Lahn, den 4.6.1941
[…] E 54/31 Gh.
Frau
Henny […]
Sehr geehrte Frau […]
Im Nachgang zu unserem Schreiben vom 20.5.1941 müssen wir Ihnen zu unserem Bedauern mitteilen, daß [sic] ihr Ehemann […], am 4. Juni 1941 unerwartet infolge Lungenentzündung mit hinzugetretender Kreislaufschwäche verstorben ist. Seine Verlegung in unsere Anstalt stellt eine Kriegsmaßnahme dar und erfolgte aus mit der Reichsverteidigung im Zusammenhang stehenden Gründen.
Nachdem unsere Anstalt nur als Durchgangsanstalt für diejenigen Kranken bestimmt ist, die in eine Anstalt unserer Gegend verlegt werden sollen, und der Aufenthalt hier lediglich der Feststellung von Bazillenträgern dient, deren sich solche bekanntlich immer wieder unter derartigen Kranken befinden, hat die zuständige Ortspolizeibehörde, um den Ausbruch und die Übertragung ansteckender Krankheiten zu vermeiden, im Einvernehmen mit den beteiligten Stellen weitgehende Schutzmaßnahmen angeordnet und gemäß § 22 der Verordnung zur Bekämpfung übertragbarer Krankheiten die sofortige Einäscherung der Leiche und die Desinfektion des Nachlaßes verfügt. Eine Einwilligung der Angehörigen usw. bedarf es in diesem Falle nicht.
Der in die Anstalt mitgebrachte Nachlaß des Verstorbenen wird nach erfolgter Desinfizierung zurückgelegt und Ihr Entscheid, was mit ihm geschehen soll, abgewartet. Bei dieser Gelegenheit erlauben wir uns, sie höflichst zu bitten, in Erwägungen darüber einzutreten, ob es Ihnen nicht möglich wäre, auf den Nachlaß zu verzichten, so daß wir ihn im Falle der Beschädigung bei der Desinfizierung infolge nachhaltigster Mittel, der NSV und im anderen Falle bedürftigen Anstaltsinsassen überlassen können.

> Falls Sie die Urne auf einen bestimmten Friedhof beisetzen lassen wollen – die Überführung der Urne erfolgt kostenlos – bitten wir Sie, uns unter Beifügung einer Einverständniserklärung der betreffenden Friedhofsverwaltung zu benachrichtigen. Sollten Sie uns dieses nicht innerhalb von 14 Tagen zusenden, werden wir die Beisetzung anderweitig veranlassen, wie wir auch annehmen würden, daß sie auf den Nachlaß verzichten, wenn uns nicht innerhalb gleicher Zeit hierfür eine Mitteilung zugehen sollte.
> Zwei Sterbeurkunden, die Sie für eine etwaige Vorlage bei Behörden verwenden können, fügen wir bei.
> 2 Anlage Heil Hitler
> Dr. […]"[214]

Wie auch die ganze Aktion T4 auf Tarnorganisationen aufgebaut war, verwendeten auch die Ärzte der Tötungsanstalten und die Beamten des zugehörigen Standesamtes Tarnnamen. Der Tötungsarzt in Hadamar, Dr. Ernst Baumhard, verwendete den Namen „Dr. Moos"[215], sein Stellvertreter, Dr. Günther Hennecke, den Namen „Dr. Fleck"[216]. Der Standesbeamte nannte sich „Oswald Berger". Sein richtiger Name war Walter Bünger[217].[218]

Forderten Angehörige nach der Benachrichtigung über den Todesfall die Urne an, wurde eine namentlich bezeichnete Urne an einen nahegelegenen Friedhof des Heimatortes des Opfers verschickt. Einige Urnen wurden auch ohne Aufforderung der Angehörigen an

214 Leipert, Matthias; Styrnal, Rudolf; Schwarzer, Winfried: Verlegt nach unbekannt: Sterilisation und Euthanasie in Galkhausen 1933–1945, 1987, S. 202 (Schreibweise im Original).
215 Vgl. Klee, Ernst: „Euthanasie" im Dritten Reich. Die „Vernichtung lebensunwerten Lebens". Frankfurt am Main 2014, 2. Auflage, S. 545.
216 Vgl. Klee, Ernst: „Euthanasie" im Dritten Reich. Die „Vernichtung lebensunwerten Lebens". Frankfurt am Main 2014, 2. Auflage, S. 563.
217 Walter Bünger (1883–1952), Büroleiter in Hadamar.
218 Vgl. Klee, Ernst: „Euthanasie" im Dritten Reich. Die „Vernichtung lebensunwerten Lebens". Frankfurt am Main 2014, 2. Auflage, S. 547.

die Friedhofsverwaltungen größerer Städte in der Nähe der Geburtsorte beziehungsweise der letzten Wohnorte der Opfer versandt.[219]

Dem Versand der Urnen an die zuständigen städtischen Friedhofsverwaltungen ging am 3. April 1940 eine Unterrichtung des Deutschen Gemeindetags voraus. Hier wurde den Vertretern in einer geheimen Besprechung die Notwendigkeit der Vernichtung der Kranken aus Heil- und Pflegeanstalten erklärt und die Übersendung der Urnen angekündigt:[220]

> „Wenn solche Urnen dem Friedhofsamte übersandt würden, dann dürfte das Friedhofsamt keinerlei Akten darüber führen, auch keinerlei Kostenverhältnisse über evtl. erbrachte Ausgaben, so dass also keinerlei Spuren der Aktion zu erkennen seien. Die Beisetzung der Urnen soll in der einfachsten Form und ohne jeglichen Aufwand erfolgen, ganz primitiv und sachlich."[221]

Nachdem die bürokratische Abwicklung der einzelnen Morde erfolgt war, wurden die Akten nach Berlin in die T4-Zentrale gesandt.

Die Mitarbeitenden in den Tötungsanstalten benutzten zwar Tarnnamen, doch war ihre Mitarbeit an der Aktion T4 freiwillig. Keiner wurde gezwungen, an dieser Mordaktion teilzunehmen. Viele Ärzte beteiligten sich, da sie von der „rassenhygienischen" Ideologie des Nationalsozialismus überzeugt waren und ihnen Straffreiheit zugesagt wurde. Weigerten sich Ärzte, als T4-

---

[219] Vgl. Die Urnen der „Euthanasie"-Opfer und das Gräberfeld: http://graeberfeld.copyriot.com/wp-content/uploads/2016/10/Die-Urnen-der-%E2%80%9EEuthanasie%E2%80%9C-Opfer-und-das-Gr%C3%A4ber-feld.pdf (02.09.2018).

[220] Vgl. Aly, Götz: Die Belasteten. ‚Euthanasie' 1936–1945. Eine Gesellschaftsgeschichte. Verlag S. Fischer, Frankfurt a. M. 2013, S. 49ff.

[221] Vgl. Aly, Götz: Die Belasteten. ‚Euthanasie' 1936–1945. Eine Gesellschaftsgeschichte. Verlag S. Fischer, Frankfurt a. M. 2013, S. 52.

Gutachter oder in den Tötungsanstalten zu arbeiten, wie zum Beispiel ein Göttinger Psychiater, so hatten sie keine Nachteile in Form von lebensbedrohenden Konsequenzen zu befürchten, sondern wurden unbehelligt gelassen.[222]

Da die T4-Organisation sehr hohe Löhne zahlte und weitere Privilegien für die Mitarbeitenden bot, meldeten sich viele freiwillig – nicht nur Ärzte, sondern auch Pflegepersonal und Verwaltungsangestellte sowie Fahrer und Leichenverbrenner.[223]

---

[222] Burkhardt, Annika: Das NS-Euthanasie-Unrecht vor den Schranken der Justiz: eine strafrechtliche Analyse. Mohr Siebeck, Tübingen 2015, S. 118.
[223] Vgl. Klee 2014, S. 118.

# Fast alle schwiegen

## Einer sprach von Mord!

Rosas Bruder Josef hatte am 7. Mai 1941 die Rechnung für den Aufenthalt seiner Schwester in der Heil- und Pflegeanstalt Galkhausen erhalten. Darin waren die Kosten für die Unterbringung in der Heil- und Pflegeanstalt im April 1941 und für zwei Tage im Mai 1941 enthalten. Josef war irritiert. War seine Schwester nicht mehr in Galkhausen? Wo hatte man sie hingebracht? Man hörte so viel, was mit den Patientinnen und Patienten aus den Heil- und Pflegeanstalten geschah. Man sprach davon, dass sie getötet wurden. Josef wollte Gewissheit haben. Er schrieb einen Brief an die Anstalt Galkhausen:

> Würselen, den 7.5.1941
>
> An den Herrn Direktor
> der Prov. Heil- u. Pflegeanstalt Galkhausen
> Erhielt soeben die Rechnung der Pflegekosten für meine Schwester Wwe Johann […]. Zu meinem grössten Erstaunen sehe ich, dass nur für 2 Tage Pflegekosten berechnet sind. Ich muss deshalb annehmen, dass meine Schwester sich nicht mehr in der dortigen Anstalt befindet, und bitte höfl. um sofortige Nachricht, wo meine Schwester untergebracht ist.
> Die restlichen Pflegekosten (April, Mai) gehen mit gleicher Post ab.
> Heil Hitler!
> Josef […]"[224]

---

[224] Abschrift des Briefes aus: Leipert, Styrnal, Schwarzer1987, S. 209.

Die Antwort aus Galkhausen lautete:

> „Sehr geehrter Herr […],
> Auf Anordnung des Reichsverteidigungskommissars werden die Anstalten der Rheinprovinz in grossem Umfang geräumt.
> Auch Ihre Schwester, Frau Wwe Johann […], ist mit einem Sammeltransport aus unserer Anstalt heraus in eine andere Anstalt verlegt worden. Da noch nicht sicher feststeht, in welche Anstalt Ihre Tochter[225] kommt, ist die Anordnung ergangen, dass die aufnehmende Anstalt die Angehörigen von der Verlegung in Kenntnis setzt und Ihnen innerhalb von 14 Tagen die neue Adresse Ihrer Schwester mitteilt.
> Dr. […]“[226]

Josef wusste nicht, was er denken sollte, als er den Brief aus Galkhausen erhielt. Lebte seine Schwester noch und war sie wirklich in eine andere Anstalt gebracht worden? Er bezweifelte es.

Ende Mai/Anfang Juni 1941 kam die Nachricht, Rosa sei am 26. Mai 1941 in Hadamar an Leukämie verstorben. In einem „Trostbrief“ teilte man Josef mit, dass die Leiche bereits eingeäschert wurde und dass man die Urne anfordern könne.

Für Josef stand fest, dass man Rosa ermordet hatte. Es stimmte also, was man so hörte. Aber dass seine eigene Schwester eines Tages zu den Opfern gehören würde, hätte er nie gedacht. Und wenn es stimmte, was man so hörte, dann wurden täglich hunderte von Menschen ermordet und verbrannt. Für ihn stand fest, die Urne würde er nicht anfordern, denn er ging nicht davon aus, dass darin die Asche seiner Schwester enthalten sein würde.

---

[225] Fehler im Originalbrief: Es handelte sich um die Schwester, nicht um die Tochter.

[226] Abschrift des undatierten Briefes aus: Leipert, Styrnal, Schwarzer1987, S. 209.

Josef war tief erschüttert und ein sehr schweres Gespräch stand ihm bevor: Er musste Gregor sagen, dass seine Mutter nicht mehr lebte.

Gregor war nun 15 Jahre alt und absolvierte eine Bäckerlehre in Aachen. Er sollte auf das Gymnasium in Aachen gehen, aber er wollte nicht. Er wollte wie sein Cousin und Freund Walter, Josefs Sohn, auf der Volksschule bleiben. Als ihm sein Onkel vom Tod seiner Mutter berichtete, verstand er die Welt nicht mehr. Nun war er ganz allein. Er hatte seine Mutter seit fünf Jahren nicht mehr gesehen und sie so vermisst. Er hatte immer gehofft, dass er sie aus der Anstalt holen und für sie sorgen könnte, wenn er erwachsen war. Er verstand aber auch seinen Onkel nicht, was hatte er da von Töten gesprochen und von einer Urne, in der keine Asche wäre. Er wollte nur noch für seine Mutter beten. Mit seinem Onkel ging er in die Kirche St. Sebastian, in der seine Mutter, sein Vater und er getauft worden waren. Sie zündeten für seine Mutter eine Kerze an. Dann gingen sie zum Pastor und besprachen mit ihm die Trauerfeier.

Zur Trauerfeier kamen Familienangehörige von Rosa, FreundInnen und die NachbarInnen. Gregor saß mit Josef und dessen Familie in der ersten Reihe. Auch Hermann war mit seiner Familie gekommen. Von der Familie seines verstorbenen Vaters war niemand anwesend. Es hatte aber auch keiner erwartet, dass sie an einer Trauerfeier für Rosa teilnehmen und Gregor trösten würden.

Wie verlassen Gregor sich gefühlt haben muss! Sein Vater, seine Schwester und nun auch seine Mutter waren tot. Und was hatte der Pastor gerade gesagt? Er hatte von Tötung und Mord gesprochen. Alle Trauergäste hielten den Atem an, als der Pfarrer in seiner Predigt die Krankenmorde anprangerte. Einem der Anwesenden gefielen diese ehrlichen Worte nicht.

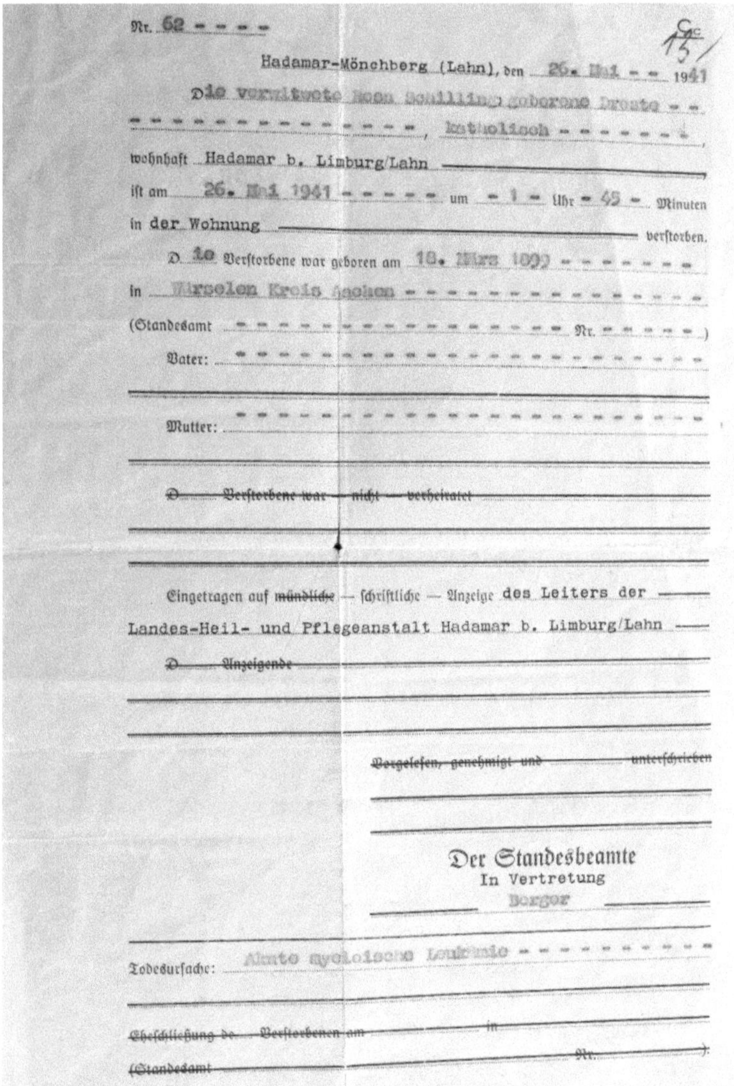

Nr. 62 - - - -

Hadamar-Mönchberg (Lahn), den 26. Mai - - 1941

Die verwitwete Rosa Schillings geborene Droste - - - - - - - , katholisch - - - - -,

wohnhaft Hadamar b. Limburg/Lahn

ist am 26. Mai 1941 - - - - - um - 1 - Uhr - 45 - Minuten

in der Wohnung verstorben.

Die Verstorbene war geboren am 18. März 1899 - - - - - -

in Würselen Kreis Aachen - - - - - - - - - - - -

(Standesamt - - - - - - - - - - - - - - Nr. - - - - - )

Vater: - - - - - - - - - - - - - - - - - - -

Mutter: - - - - - - - - - - - - - - - - - - -

~~Die Verstorbene war nicht verheiratet~~

Eingetragen auf ~~mündliche~~ — schriftliche — Anzeige des Leiters der Landes-Heil- und Pflegeanstalt Hadamar b. Limburg/Lahn

~~Die Anzeigende~~

~~Vorgelesen, genehmigt und unterschrieben~~

Der Standesbeamte
In Vertretung
Berger

Todesursache: Akute myeloische Leukämie - - - - - - - - -

~~Eheschließung der Verstorbenen am in~~

~~(Standesamt Nr.)~~

Abb. 48a: Seite 1 der Sterbeurkunde von Rosa Schillings mit falschem Todesdatum und falscher Todesursache. © Gabriele Lübke.

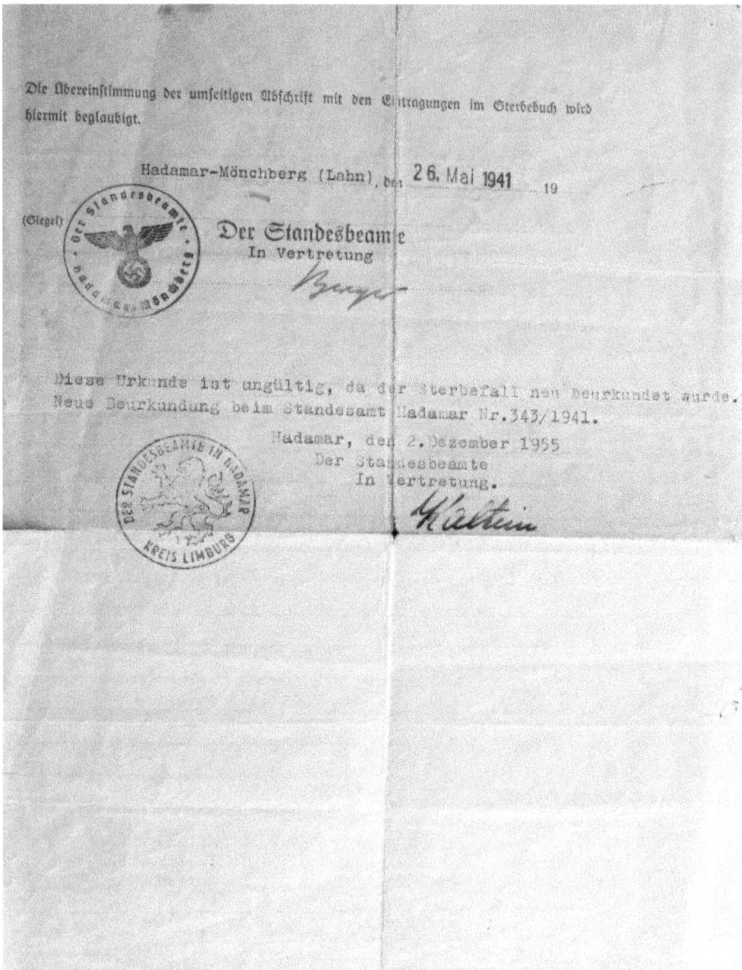

Die Übereinstimmung der umseitigen Abschrift mit den Eintragungen im Sterbebuch wird hiermit beglaubigt.

Hadamar-Mönchberg (Lahn), den 26. Mai 1941 19

(Siegel) Der Standesbeamte

In Vertretung

Diese Urkunde ist ungültig, da der Sterbefall neu beurkundet wurde. Neue Beurkundung beim Standesamt Hadamar Nr.343/1941.

Hadamar, den 2. Dezember 1955

Der Standesbeamte

In Vertretung.

Abb. 48b: Seite 2 der Sterbeurkunde von Rosa Schillings, datiert vom 26. Mai 1941. © Gabriele Lübke.

## Das Ende oder nur anders? – Hintergründe

Der Pastor hat bei Rosas Trauerfeier nicht geschwiegen, sondern Mut gezeigt und die Wahrheit über Rosas Tod von der Kanzel in die Menge der Trauernden gepredigt. Einige Wochen später erfolgte eine ähnliche, von Mut geprägte Predigt vom Bischof von Münster.

Die Tötungen der Kranken aus den Heil- und Pflegeanstalten blieben nicht verborgen; die Todesfälle von Kranken häuften sich. Gerüchte über Busse, die voll besetzt mit Menschen in bestimmte Heil- und Pflegeanstalten fuhren und ohne Fahrgäste wieder abfuhren, traten vermehrt auf. Die Bevölkerung in den anliegenden Gebieten um die Tötungsanstalten sah den Rauch aus den Schloten der Anstalten aufsteigen und nahm den Geruch der Leichenverbrennung wahr. Viele Angehörige der Opfer wandten sich mit ihren Sorgen an die Kirchen und sprachen mit NachbarInnen und FreundInnen. So glaubten inzwischen viele Menschen nicht mehr an die Verlegung der Patientinnen und Patienten aus Kriegsgründen in andere Anstalten und ihren plötzlichen natürlichen Tod. Aber fast niemand traute sich, öffentlich über die Morde zu sprechen und sie anzuklagen, da die nationalsozialistische Diktatur inzwischen eine Angstherrschaft aufgebaut hatte. Am 3. August 1941 brach der Bischof von Münster, Clemens August von Galen[227], in der Lamberti-Kirche in Münster das Schweigen und prangerte die „Euthanasie“-Morde öffentlich an:

> „Seit einigen Monaten hören wir Berichte, dass aus Heil- und Pflegeanstalten für Geisteskranke auf Anordnung von Berlin Pfleglinge, die schon länger krank sind und vielleicht unheilbar erscheinen, zwangsweise abge-

[227] Clemens August Graf von Galen (1878–1946), katholischer Priester, von 1933 bis 1946 Bischof von Münster.

führt werden. Regelmäßig erhalten dann die Angehörigen nach kurzer Zeit die Mitteilung, der Kranke sei verstorben, die Leiche sei verbrannt, die Asche könne abgeliefert werden. Allgemein herrscht der an Sicherheit grenzende Verdacht, dass diese zahlreichen unerwarteten Todesfälle von Geisteskranken nicht von selbst eintreten, sondern absichtlich herbeigeführt werden, dass man dabei jener Lehre folgt, die behauptet, man dürfe so genannt lebensunwertes Leben vernichten, also unschuldige Menschen töten, wenn man meint, ihr Leben sei für Volk und Staat nichts mehr wert. Eine furchtbare Lehre, die die Ermordung Unschuldiger rechtfertigen will, die gewaltsame Tötung der nicht mehr arbeitsfähigen Invaliden, Krüppel, unheilbar Kranken, Altersschwachen grundsätzlich freigibt!

[…]

Deutsche Männer und Frauen! Noch hat Gesetzeskraft der §211 des Reichsstrafgesetzbuches, der bestimmt: ‚Wer vorsätzlich einen Menschen tötet, wird, wenn er die Tötung mit Überlegung ausgeführt hat, wegen Mordes mit dem Tode bestraft.‘ Wohl um diejenigen, die jene armen Menschen, Angehörige unserer Familien, vorsätzlich töten, vor dieser gesetzlichen Bestrafung zu bewahren, werden die zur Tötung bestimmten Kranken aus der Heimat abtransportiert in eine entfernte Anstalt. Als Todesursache wird dann irgendeine Krankheit angegeben. Da die Leiche sofort verbrannt wird, können die Angehörigen und auch die Kriminalpolizei hinterher nicht mehr feststellen, ob die Krankheit wirklich vorgelegen hat und welche Todesursache vorlag. Es ist mir aber versichert worden, dass man im Reichsministerium des Innern und auf der Dienststelle des Reichsärzteführers Dr. Conti gar keinen Hehl daraus mache, dass tatsächlich schon eine grosse Zahl von Geisteskranken in Deutschland vorsätzlich getötet worden ist und in Zukunft getötet werden soll.

[…]

So müssen wir damit rechnen, dass die armen, wehrlosen Kranken über kurz oder lang umgebracht werden. Warum? Nicht, weil sie ein todeswürdiges Verbrechen

> begangen haben! Nicht etwa, weil sie ihren Wärter oder Pfleger angegriffen haben … Nein, nicht aus solchen Gründen müssen jene unglücklichen Kranken sterben, sondern darum, weil sie nach dem Urteil irgendeines Amtes, nach dem Gutachten irgendeiner Kommission lebensunwert geworden sind, … Arme Menschen, kranke Menschen, unproduktive Menschen meinetwegen. Aber haben sie damit das Recht auf das Leben verwirkt? Hast du, habe ich nur solange das Recht zu leben, solange wir produktiv sind, solange wir von anderen als produktiv anerkannt werden?
> Wenn man den Grundsatz aufstellt und anwendet, dass man den unproduktiven Mitmenschen töten darf, dann wehe uns allen, wenn wir alt und altersschwach werden! Wenn man die unproduktiven Mitmenschen töten darf, dann wehe den Invaliden, die im Produktionsprozess ihre Kraft, ihre gesunden Knochen eingesetzt, geopfert und eingebüßt haben! Wenn man die unproduktiven Mitmenschen gewaltsam beseitigen darf, dann wehe unseren braven Soldaten, die als schwer Kriegsverletzte, als Krüppel, als Invalide in die Heimat zurückkehren. Wenn einmal zugegeben wird, dass Menschen das Recht haben, unproduktive Mitmenschen zu töten, … dann ist der Mord an uns allen, wenn wir alt und altersschwach und damit unproduktiv werden, freigegeben. Dann ist keiner von uns seines Lebens mehr sicher."[228]

Dem Limburger Bischof Antonius Hilfrich waren die Morde in der nur wenige Kilometer von seinem Bischofssitz entfernten Anstalt Hadamar nicht verborgen geblieben. Er wandte sich mit einem Brief datiert auf den 13. August 1941 an den Reichsjustizminister:

> „Öfter in der Woche kommen Autobusse mit einer großen Anzahl solcher Opfer in Hadamar an. Schulkinder

[228] Pro Gedenkstätten Schleswig-Holstein: http://progedenkstaetten-sh.de/wp-content/uploads/Euthanasiepredigt-v.-Bischof-von-Galen.pdf (04.09.2018) (Schreibweise im Original).

> der Umgebung kennen diese Wagen und reden: ‚Da kommt wieder die Mordkiste.‘ Nach der Ankunft solcher Wagen beobachten die Hadamarer Bürger den aus dem Schlot aufsteigenden Rauch und sind von den ständigen Gedanken an die armen Opfer erschüttert, zumal wenn sie je nach Windrichtung durch die widerlichen Düfte belästigt werden. […] Kinder, einander beschimpfend, tun Äußerungen: ‚Du bist nicht recht gescheit, du kommst nach Hadamar in den Backofen.‘“[229]

Adolf Hitler gab am 24. August 1941 Karl Brandt und Philipp Bouhler die Anweisung, die Aktion T4 zu beenden. Die „Euthanasie“ an Kindern wurde jedoch fortgesetzt. In 30 „Kinderfachabteilungen“ wurden mindestens 5.000 Kinder getötet.[230]

In den sechs Tötungsanstalten waren bisher 70.323 psychisch kranke und behinderte Menschen ermordet worden. Auch in Hadamar wurden die Tötungen der Kranken durch Gas eingestellt. Dort waren seit Januar 1941 insgesamt 10.072 Menschen in der Gaskammer ermordet worden. Nach der Hartheimer Statistik[231] sind in den einzelnen Anstalten folgende psychisch kranke und behinderte Menschen ermordet worden:

---

[229] Klee 2014, S. 258.
[230] Vgl. Aktion T4: https://de.wikipedia.org/wiki/Aktion_T4 (04.09.2018).
[231] Vgl. Aktion T4: https://de.wikipedia.org/wiki/Aktion_T4 (04.09.2018).

| Anstalt | 1940 | 1941 |
|---|---|---|
| Grafeneck | 9.839 | - |
| Brandenburg | 9.772 | - |
| Bernburg | - | 8.601 |
| Hartheim | 9.670 | 8.599 |
| Sonnenstein | 5.943 | 7.777 |
| Hadamar | - | 10.072 |
| **Gesamt** | **35.224** | **35.049** |

Das Töten der kranken Menschen ging weiter in dezentralen Aktionen: In der sogenannten „wilden Euthanasie“ wurden die Patientinnen und Patienten in den Heil- und Pflegeanstalten durch Nahrungsentzug und Verabreichung von Luminal oder Morphium-Scopolamin ermordet.[232]

Auch in der Heil- und Pflegeanstalt Hadamar wurde weiter gemordet. So wurden nach der Einstellung der Aktion T4 noch circa 4.422 Menschen in Hadamar getötet. In Bernburg, Sonnenstein und Hartheim wurden in der Aktion 14f13 kranke und arbeitsunfähige KZ-Häftlinge ermordet. So starben etwa 20.000 Menschen.[233]

In der nach Karl Brandt bezeichneten „Aktion Brandt“ wurden ab 1943 die Patientinnen und Patienten der Heil- und Pflegeanstalten in Anstalten in der Mitte und im Osten des Reiches gebracht und

[232] Vgl. Aktion T4: https://de.wikipedia.org/wiki/Aktion_T4 (04.09.2018).
[233] Vgl. Krankenmorde in der Zeit des Nationalsozialismus: https://de.wikipedia.org/wiki/Krankenmorde_in_der_Zeit_des_Nationalsozialismus (04.09.2018).

dort durch Medikamente oder Hungerkost ermordet. Im Rahmen der „Aktion Brandt“ starben ca. 30.000 Menschen.[234]

Weitere Tötungen von kranken und behinderten Menschen erfolgten in den besetzten Gebieten des Ostens, in den Häftlingslazaretten der Konzentrationslager und durch Menschenversuche in den Heil- und Pflegeanstalten.

Auch die Heil- und Pflegeanstalt Galkhausen war von der „Aktion Brandt“ betroffen. Die Transporte in Galkhausen begannen am 16. März 1943. Insgesamt wurden in 19 Transporten 1.458 Patientinnen und Patienten aus der Heil- und Pflegeanstalt Galkhausen in andere Anstalten verlegt, darunter auch viele, die aus anderen rheinischen Anstalten 1941 nach Galkhausen im Rahmen der Aktion T4 gekommen waren und aufgrund des Stopps der Aktion nicht mehr nach Hadamar verlegt worden waren. Auch befanden sich unter den für die Transporte vorgesehenen Patientinnen und Patienten psychisch kranke Ostarbeiterinnen und -arbeiter. Die Transporte brachten die Kranken nach Altscherbitz, Großschweidnitz, Wiesengrund (heute Dobřany), Salzburg-Lehen, Bedburg-Hau, Plagwitz, Tiegenhof in Gnesen (heute Gniezno), Ansbach und Meseritz-Obrawalde. Der Bestimmungsort der Ostarbeiterinnen und -arbeiter ist nicht bekannt. Bei diesen Transporten wurden die Kranken auch von Personal der Heil- und Pflegeanstalt Galkhausen begleitet. Es häuften sich nun wieder die Todesnachrichten.[235]

---

[234] Vgl. Krankenmorde in der Zeit des Nationalsozialismus: https://de.wikipedia.org/wiki/Krankenmorde_in_der_Zeit_des_Nationalsozialismus (04.09.2018).

[235] Vgl. Leipert, Styrnal, Schwarzer 1987, S. 234f.

1943 wurde Dr. Max Rohde aus Galkhausen in die Anstalt Kulparkow bei Lemberg abgeordnet. Im Rahmen der „Aktion Brandt“ trafen viele Transporte mit Kranken aus dem Rheinland in Kulparkow ein. Viele – wenn nicht sogar alle – dieser Kranken sind in Kulparkow verhungert.[236]

Zur Zeit des Nationalsozialismus wurden nach heutigem Forschungsstand etwa 300.000 Menschen mit körperlichen, geistigen und seelischen Behinderungen in Deutschland und den besetzten Gebieten ermordet.[237]

Ein Tagebucheintrag von Joseph Goebbels[238] vom 31. Januar 1941 besagt, dass man geplant hatte, 100.000 Patientinnen und Patienten der Heil- und Pflegeanstalten zu töten:

> „Mit Bouhler Frage der stillschweigenden Liquidierung von Geisteskranken besprochen. 40000 sind weg, 60000 müssen noch weg. Das ist eine harte, aber auch notwendige Arbeit. Und sie muß jetzt getan werden. Bouhler ist der rechte Mann dazu.“[239]

---

[236] Leidinger, Friedrich: Das Schicksal der polnischen Psychiatrie unter deutscher Besatzung im Zweiten Weltkrieg. S. 537. In: Psychiat Prax 2014, S. 69-75.

[237] Vgl. Tote des Zweiten Weltkrieges: https://de.wikipedia.org/wiki/Tote_des_Zweiten_Weltkrieges (04.09.2018).

[238] Paul Joseph Goebbels (1897–1945), Politiker in der Zeit des Nationalsozialismus und enger Vertrauter Adolf Hitlers; Reichsminister für Volksaufklärung und Propaganda, Präsident der Reichskulturkammer.

[239] Das Zitat findet sich mit anderen Zahlenangaben bei Ralph Georg Reuth: Joseph Goebbels – Tagebücher, Band 4, Piper, München 1992, S. 1525. In der neuen Edition, 1998 von Elke Fröhlich herausgegeben, sind die Zahlen als Lesefehler korrigiert und wie hier angegeben. Siehe dazu: Heinz Faulstich: Goebbels' Tagebücher und der Abbruch der „Aktion T4“. S. 211 .In: Christian Gerlach (Hrsg.): „Durchschnittstäter“ – Handeln und Motivation. (Beiträge zur Geschichte des Nationalsozialismus, Bd. 16), Verlag Assoziation, Berlin 2000, S. 211 – 212.

Warum hatte Hitler die Aktion T4 eingestellt? Der Druck der katholischen Kirche hatte einen maßgeblichen Einfluss auf die Einstellung der Aktion T4. Die Geheimhaltung war nicht mehr gewährleistet, die Bevölkerung war beunruhigt und man befürchtete starke Proteste.[240]

Neben dem Druck der katholischen Kirche wird aber unter HistorikerInnen auch diskutiert, dass die Aktion T4 abgebrochen wurde, um den industriellen Tötungsapparat mit seinen Handlangern, den Ärzten, dem Pflege- und Verwaltungspersonal, in den Vernichtungslagern einzusetzen, um das jüdische Volk zu ermorden.[241] Sowohl die Kranken als auch die jüdischen Bürgerinnen und Bürger passten nicht in die nationalsozialistische „Rassenideologie", die von der Ungleichheit von „Rassen" ausging.

Ein Großteil des Personals der Tötungsanstalten (etwa 120 Personen) wurde ab 1942 in den Vernichtungslagern Belzec, Sobibor und Treblinka zur Durchführung der sogenannten „Endlösung der Judenfrage" eingesetzt. Diese nahmen aufgrund ihrer Erfahrungen Schlüsselpositionen bei der Errichtung und Organisation der drei Vernichtungslager ein.[242]

Mindestens 29 T4-MitarbeiterInnen der Tötungsanstalt Hadamar wurden ebenfalls in diesen drei Vernichtungslagern eingesetzt: Leichenverbrenner, Pflegepersonal, Gekrat-Fahrer, Einkäufer, Mitarbeiter aus Waschküche und Kantine sowie Personen, die am Bau der Gaskammern beteiligt waren.[243]

---

[240] Aly (Hrsg.): Aktion T4 1939-1945. Die „Euthanasie"-Zentrale in der Tiergartenstraße 4. 2. Aufl., Edition Hentrich, Berlin/Leipzig 1989, S. 90.
[241] Uwe Dietrich Adam: Diskussionsbeitrag. In: Jäckel, Eberhard und Rohwer, Jens: Der Mord an den Juden im Zweiten Weltkrieg. Frankfurt/M. 1987.
[242] T4-Denkmal: „Euthanasie" und Holocaust: https://www.t4-denkmal.de/Euthanasie-und-Holocaust (18.09.2018).
[243] Vgl. Klee 2014, S. 544–605.

# Die Welt dreht sich weiter

## Aber der Einzelne steht allein

Der Tod seiner Mutter hatte Gregor zutiefst erschüttert. Wie häufig er wohl über ihr Schicksal nachdachte? Wahrscheinlich hätte er ihr gerne geholfen, aber er war noch ein Kind, als sie nach Galkhausen kam. Er hat seine Mutter danach nicht mehr gesehen.

Die ersten Jahre war sein Onkel Hermann sein Vormund gewesen. Die Vormundschaft ging aber dann – wahrscheinlich 1937 – auf seinen Onkel Josef über. Bei Josef und seiner Familie hat Gregor sich sehr wohlgefühlt und sein Cousin Walter war sein bester Freund, mit ihm spielte er Fußball und verbrachte er seine Freizeit.

Nach seiner Schulzeit musste Gregor in den Landdienst nach Thüringen auf einen Bauernhof. Es hatte ihm dort viel Spaß gemacht. Die Bauernfamilie war sehr nett zu ihm und keiner fragte nach seiner Vergangenheit und seinen Eltern.

Nachdem er ins Rheinland zurückgekehrt war, absolvierte er in Aachen eine Bäckerlehre. Auch diese Zeit blieb ihm in guter Erinnerung. Hier konnte er so viele Süßigkeiten essen, wie er wollte. Bis ins hohe Alter waren Aachener Printen etwas, auf das er nicht verzichten wollte.

Nach seiner Gesellenprüfung wurde er im September 1943 zum Kriegsdienst nach Osnabrück einberufen, zum 18. Infanterie-Regiment. Nach einem kurzen Grundwehrdienst musste er in den Krieg ziehen. Er sollte für die Menschen kämpfen, die seine Mutter ermordet hatten. Er konnte es nicht verstehen. Aber was sollte er machen? Hätte er sich geweigert, dann hätte ihn wahrscheinlich das gleiche Schicksal ereilt wie seine Mutter. Er hatte große Angst. Er sollte auf

Menschen schießen und andere junge Männer würden auf ihn schießen. Es war alles so paradox.

Gregor wurde am 27. Februar 1945 schwer verwundet. Er hatte Durchschüsse in Armen und Beinen und einen Stahlsplitter im Kopf. Es war eine schwere Zeit im Lazarett, aber er hat überlebt. Als es ihm etwas besserging und er transportfähig war, kam er in ein Lazarett nach Dänemark. Hier hatten die Menschen noch genug zu essen und er kam wieder zu Kräften.

Und auf einmal war der Krieg zu Ende. Das Haus in Würselen, in dem er mit seinem Onkel Josef gelebt hatte, war zerstört. Dort hatte er sein ganzes Hab und Gut sowie viele Erinnerungsstücke an seine Eltern und an ihre Reise nach Borneo gelagert. Alles war weg.

Josefs Frau war 1942 verstorben und Josef war etwas später mit seinen beiden Töchtern nach Eschwege zu der Schwester seiner Frau gezogen, damit die Kinder versorgt waren. Josefs Sohn Walter, Gregors Cousin und bester Freund, war im Krieg umgekommen.

Die meisten Menschen, die Gregor geliebt und die ihn geliebt hatten, waren gestorben. Nur sein Onkel Josef und zwei seiner drei Kinder lebten noch. Aber er hatte die eigene Familie und vielleicht würde auch er wieder heiraten. Gregor musste mit nun 19 Jahren auf eigenen Füßen stehen und sein Leben selbst in die Hand nehmen. Er war zwar noch nicht volljährig und ein Vormund bestimmte noch über sein Vermögen, aber für ihn war klar: Nur er selbst konnte sein Leben meistern, kein anderer.

Er hatte sich eine Stelle als Bäcker in der Grafschaft im Sauerland gesucht. Im Sauerland lebten noch einige Verwandte seiner Mutter. Hier war er als Kind oft gewesen und hatte sich immer wohl gefühlt.

> Kapitulationserklärung
> „Wir, die hier Unterzeichneten, handelnd in Vollmacht für und im Namen des Oberkommandos der Deutschen Wehrmacht, erklären hiermit die bedingungslose Kapitulation aller am gegenwaertigen Zeitpunkt unter deutschem Befehl stehenden oder von Deutschland beherrschten Streitkräfte auf dem Lande, auf der See und in der Luft gleichzeitig gegenueber dem Obersten Befehlshaber der Alliierten Expeditions-Streitkräfte und dem Oberkommando der Roten Armee.....
> Unterzeichnet zu Berlin am 8. Mai 1945
> gez. v. Friedeburg[244]
> gez. Keitel[245]
> gez. Stumpff[246]
> für das Oberkommando der deutschen Wehrmacht“[247]

Somit war am 8. Mai 1945 der Zweite Weltkrieg zu Ende und die Waffen schwiegen. Etwa 80 Millionen Menschen hatten ihr Leben verloren: ermordet in Konzentrations- und Vernichtungslagern und im Rahmen der „Euthanasie“, gefallen im Krieg, gestorben durch Bomben, Gewalt, Hunger, Kälte und auf der Flucht. Die Gesamtzahl der Toten lässt sich nur schätzen.

[244] Hans-Georg Friedrich Ludwig Robert von Friedeburg (1895–1945), deutscher Marineoffizier.
[245] Wilhelm Bodewin Johann Gustav Keitel (1882–1946), deutscher Heeresoffizier.
[246] Hans-Jürgen Stumpff (1889–1968), deutscher Offizier, Generalstabschef der Luftwaffe.
[247] Landeszentrale für politische Bildung Baden-Württemberg: https://www.lpb-bw.de/kriegsende.html (26.08.2018) (Schreibweise im Original).

Über 13 Millionen Menschen haben infolge von Kriegsverbrechen ihr Leben lassen müssen, weil sie nicht dem „Ideal“ des nationalistischen Systems entsprachen:[248]

> Menschen jüdischer Herkunft: über 6 Millionen Menschen
> Sowjetische Kriegsgefangene: über 3,3 Millionen Menschen
> Sinti und Roma: über 219.000 Menschen
> „Euthanasie“-Opfer: etwa 300.000 Menschen
> Nichtjüdische Zivilisten, KZ-Häftlinge, Homosexuelle, Zwangsarbeiter, Deportierte: über 3,3 Millionen Menschen

Hadamar wurde bereits am 26. März 1945 durch US-Truppen befreit. Ihnen bot sich ein Bild des Grauens: Die Patientinnen und Patienten der Anstalt waren zu Skeletten abgemagert.[249] Mindestens 14.494 Menschen sind in der Tötungsanstalt Hadamar ermordet worden.

Für die Patientinnen und Patienten in der Heil- und Pflegeanstalt Galkhausen war die Verfolgung durch die Nationalsozialisten am 24. April 1945 beendet, als US-amerikanische Soldaten die Anstalt befreiten.[250]

Die Befreiung Deutschlands von der nationalsozialistischen Diktatur bedeutete für die Patientinnen und Patienten der Heil- und Pflegeanstalten aber nicht das Ende ihrer Qualen. Sie litten unter Hunger – wie die gesamte Bevölkerung – und es kam zu hohen Sterberaten – überdimensional zur Gesamtbevölkerung – wegen Mangelernährung in den Anstalten, da es für die AnstaltsbewohnerInnen keine Alternativen zu den zugeteilten Lebensmittelrationen gab.

---

[248] Vgl. Tote des Zweiten Weltkrieges: https://de.wikipedia.org/wiki/Tote_des_Zweiten_Weltkrieges (26.08.2018).
[249] Vgl. Klee 2014, S. 481.
[250] Vgl. Leipert 1987, S. 35.

Nach Heinz Reinhold Faulstich[251] gab es nach dem Krieg noch mehr als 20.000 Tote in den Heil- und Pflegeanstalten, meist wegen Unterernährung.[252]

In Deutschland begann die Aufarbeitung und Strafverfolgung der Täterinnen und Täter der nationalsozialistischen Kriegsverbrechen durch die Alliierten. Die Täterinnen und Täter wurden von den Alliierten verhaftet. Ihnen sollte der Prozess gemacht werden. Viele Täterinnen und Täter hatten sich der Justiz durch Suizid oder durch Flucht ins Ausland entzogen.

Im Dezember 1945 wurde von den vier Siegermächten ein Gesetz erlassen (Kontrollratsgesetz Nr. 10) zum einheitlichen Verfahren zur Ahndung nationalsozialistischer Verbrechen. Dieses Gesetz legte fest, dass die Befehlshaber der vier deutschen Besatzungszonen Strafprozesse wegen kriegerischer Aggression, Verletzung des Kriegsrechtes, Verbrechen gegen die Menschlichkeit und Mitgliedschaft in entsprechenden Organisationen in eigener Regie durchführen durften.[253]

Bereits im Oktober 1945 fanden die ersten Prozesse der Alliierten gegen die Hauptkriegsverbrecher statt, die sogenannten Nürnberger Prozesse. Gleichzeitig fand in Wiesbaden vor einem US-Militärgericht ein Prozess wegen der Ermordung von ausländischen Zwangsarbeiterinnen und -arbeitern statt. Angeklagt waren Mitarbeitende der ehemaligen Tötungsanstalt Hadamar. Mitte Oktober 1945 wurden die Urteile gefällt: Alfons Klein[254], der ehemalige Verwaltungsleiter der Tötungsanstalt, und die beiden Pfleger Heinrich

---

[251] Heinz Reinhold Faulstich (1927–2014), deutscher Psychiater und Psychotherapeut.

[252] Vgl. Faulstich, Heinz: Hungersterben in der Psychiatrie 1914–1949: Mit einer Topographie der NS-Psychiatrie, S. 368ff. In: Klee 2014, S. 486.

[253] NS-Prozesse: https://de.wikipedia.org/wiki/NS-Prozesse (26.08.2018).

[254] Alfons Klein (1909–1946), ab 1942 Verwaltungsleiter der Heil- und Pflegeanstalt Hadamar.

Ruoff[255] und Karl Willig[256] wurden zum Tod verurteilt und im März 1946 hingerichtet. Der Tötungsarzt von Hadamar, Alfons Wahlmann[257], erhielt lebenslänglich. Der Verwaltungsangestellte Adolf Merkle erhielt 35 Jahre, der Leichenverbrenner Philipp Blum[258] 30 Jahre und die Oberschwester Irmgard Huber[259] 25 Jahre[260].

Die T4-Organisatoren Prof. Karl Brandt und Viktor Brack wurden im Nürnberger Ärzte-Prozess 1947 zum Tod durch den Strang verurteilt. Die Urteile wurden 1948 vollstreckt. Philipp Bouhler hatte im Mai 1945 Suizid begangen.

Die Strafverfolgung der Mitarbeitenden der Tötungsanstalten war oft schwierig, da viele von ihnen in mehreren Anstalten tätig oder ab 1942 in den Vernichtungslagern Belzec, Sobibor und Treblinka eingesetzt waren, sodass die Zuständigkeit in verschiedene Gerichtsbarkeiten fielen.[261] So wurden auch viele ehemalige T4-MitarbeiterInnen aus Hadamar, die 1942 in die Vernichtungslager versetzt worden waren, in den Belzec-, Sobibor- und Treblinka-Prozessen für ihre dortigen Taten vor Gericht gestellt.

Im Kontrollratsgesetz Nr. 10 war geregelt, dass Verbrechen an deutschen Opfern vor deutschen Gerichten verhandelt werden soll-

---

[255] Heinrich Ruoff (1887–1946), ab 1936 Oberpfleger in der Heil- und Pflegeanstalt Hadamar.
[256] Karl Willig (1894–1946), Pflegekraft in der Heil- und Pflegeanstalt Hadamar.
[257] Alfons Wahlmann (1876–1956), ab 1942 Tötungsarzt in Hadamar.
[258] Philipp Blum (1902–?), Leichenverbrenner und Friedhofsverwalter in Hadamar.
[259] Irmgard Huber (1901–1983), seit 1932 Schwester, ab 1942 Oberschwester in Hadamar.
[260] Vgl. Gedenkort-T4.eu: https://www.gedenkort-t4.eu/de/wissen/strafverfolgung-der-taeter (06.09.2018).
[261] Vgl. Gedenkort-T4.eu: https://www.gedenkort-t4.eu/de/wissen/strafverfolgung-der-taeter (06.09.2018).

ten, so auch die „Euthanasie"-Morde. In mehreren Prozessen an verschiedenen Prozessorten in Deutschland und Österreich wurden diese Strafverfahren verhandelt.

Vielen Angeklagten fehlte das Unrechtsbewusstsein oder sie beriefen sich auf die folgenden Tatbestände:

> „• Handeln auf Befehl: Viele der Beschuldigten, vor allem Angehörige des Pflegepersonals, argumentierten, ihnen sei die Tat meist von Vorgesetzten aufgetragen worden.
> • Zusicherung von Straflosigkeit: Vielen Angeklagten war zugesichert worden, dass sie für ihre Taten nicht zur Verantwortung gezogen werden würden.
> • Notstand: Die Angeklagten führten vielfach aus, dass sie im Fall einer Weigerung in ein Konzentrationslager eingewiesen worden wären oder mit den Tod bedroht worden seien.
> • Ersetzbarkeit des Täters: Mit dem Argument, „Wenn nicht ich, dann hätte es jemand anderer getan", versuchten sich etliche Beschuldigte ihrer Verantwortung zu entziehen.
> • Fehlendes Unrechtsbewusstsein/Verbotsirrtum: Vor allem Angehörige der Ärzteschaft traten in den Gerichtsverfahren als Überzeugungstäter auf: Sie hätten die Tötung von Behinderten als legitime Sterbehilfe verstanden oder wegen eines Gesetzes an die Rechtmäßigkeit ihres Tuns geglaubt."[262]

Im sogenannten Hadamar-Prozess wurde 1947 vor dem Landgericht Frankfurt am Main das Strafverfahren wegen der Morde an den Opfern der Tötungsanstalt Hadamar geführt. Die Ärzte Hans Bodo Gorgaß[263] und Alfons Wahlmann wurden wegen Mordes zum Tode verurteilt. Diese Urteile wurden aber nicht vollstreckt, da mit der

---

[262] Vgl. Gedenkort-T4.eu: https://www.gedenkort-t4.eu/de/wissen/strafverfolgung-der-taeter (Schreibweise im Original) (06.09.2018).

[263] Hans Bodo Gorgaß (1911–1993), ab 1941 Tötungsarzt in Hadamar.

Gründung der Bundesrepublik die Todesstrafe abgeschafft wurde. Wahlmann kam 1952 aus der Haft, Gorgaß 1958. Das Pflegepersonal wurde zu Haftstrafen zwischen zwei und acht Jahren verurteilt. Auch hier kam es zu frühzeitigen Entlassungen. So wurde die Oberschwester Irmgard Huber zwar zu acht Jahren Haft verurteilt, aber bereits 1953 entlassen. Dies, obwohl sie 1945 von einem Alliierten Gericht zu 25 Jahren Haft verurteilt worden war. Freisprüche gab es für das Büropersonal.[264]

Im Urteil zum Hadamar-Prozess wurde vom Gericht festgestellt, dass der Druck zur Teilnahme an den Morden nicht − wie von den Angeklagten behauptet − so stark war, dass sie dieses Handeln nicht ablehnen konnten. Eine Ablehnung der Beteiligung wäre ohne Folgen möglich gewesen.[265]

Die Beteiligten an den Krankenmorden der Rheinprovinz mussten sich ebenfalls vor Gericht verantworten. Vor dem Düsseldorfer Landgericht waren in den sogenannten „Düsseldorfer Euthanasieprozessen" wegen der Beteiligung an den Morden der Patientinnen und Patienten aus den Heil- und Pflegeanstalten der Rheinprovinz der ehemalige Landesrat Prof. Walter Creutz, die Galkhauser Ärzte Dr. Felix Weissenfeld und Dr. Max Rohde angeklagt.[266] Dr. Leonhard Josef Winkel, der Leiter der Heil- und Pflegeanstalt Galkhausen, hatte im Juni 1945 Suizid begangen.

In der Urteilsverkündung am 24. November 1948 sah das Gericht es als erwiesen an,

---

[264] Gedenkstätte Hadamar: http://www.gedenkstaette-hadamar.de/webcom/show_article.php/_c-1168/i.html (06.09.2018).
[265] Gedenkstätte Hadamar: http://www.gedenkstaette-hadamar.de/webcom/show_article.php/_c-1168/i.html (06.09.2018).
[266] Vgl. LVR-Klinikum Düsseldorf: http://www.klinikum-duesseldorf.lvr.de/de/nav_main/ueber_uns/geschichte/1945_bis_1955/Inhaltsseite_KV.html# (06.09.2018).

„dass der Tatbestand der Beihilfe zum Mord in Tateinheit mit Verbrechen gegen die Menschlichkeit bei Creutz, Weissenfeld und Rohde [...] erfüllt sei. Die Angeklagten konnten sich jedoch auf einen übergesetzlichen Notstand berufen, der ihre Handlungsweise rechtfertigte. Die Angeklagten hatten sich nach Meinung des Gerichts deshalb keines Verbrechens schuldig gemacht und wurden freigesprochen. Damit war das Gericht der Argumentation der Angeklagten gefolgt: Sie hätten sich der Beteiligung am Selektionsprozess nicht verweigert, um Schlimmeres zu verhindern. Es sei gelungen, einzelne Patientinnen und Patienten zu retten."[267]

Die Freisprüche wurden im Januar 1951 vom Düsseldorfer Schwurgericht bestätigt.

Viele Jahre wurde der „Widerstand" gegen die Krankenmorde im Rheinland glorifiziert, weil man Anstaltsinsassen gerettet habe. Insbesondere wurde Walter Creutz, Medizinaldezernent des Provinzialverbandes, dieser „rheinische Widerstand" angerechnet. Heute gehen HistorikerInnen davon aus, dass Creutz als NSDAP-Mitglied Patientinnen und Patienten noch in die Tötungsanstalten abschob, als die Ermordung der Behinderten weitläufig bekannt war.[268]

[267] LVR-Klinikum Düsseldorf: http://www.klinikum-duesseldorf.lvr.de/de/nav_main/ueber_uns/geschichte/1945_bis_1955/Inhaltsseite_KV.html# (06.09.2018).

[268] Vgl. Hermeler, Ludwig: Die Euthanasie und die späte Unschuld der Psychiater. Massenmord, Bedburg-Hau und das Geheimnis rheinischer Widerstandslegenden, 2002. In: aerzteblatt.de: https://www.aerzteblatt.de/archiv/35469/Die-Euthanasie-und-die-spaete-Unschuld-der-Psychiater-Massenmord-Bedburg-Hau-und-das-Geheimnis-rheinischer-Widerstandslegenden (06.09.2018).

# Weg zur Aufarbeitung

## Sie war meine Mutter!

Gregor hatte sich nach dem Krieg eine Existenz aufgebaut und eine Familie gegründet. Der Brief seiner Mutter und ihr Bild begleiteten ihn sein ganzes Leben lang. Seine Mutter spielte in seinem Leben auch weiterhin eine große Rolle. Aber die Menschen wollten nach dem Krieg vergessen. Sie interessierten sich nicht für das Schicksal seiner Mutter. Nur seine Frau Ruth und auch später seine Tochter kannten die wahre Geschichte und ermutigten ihn immer wieder, darüber zu sprechen. Als die Gesellschaft anfing, sich auch mit diesem grauenvollen Teil der deutschen Geschichte, der Tötung von Behinderten und psychisch Kranken, auseinanderzusetzen, sprach Gregor offen über das Schicksal seiner Mutter.

Er hatte versucht, eine Wiedergutmachung für den Schaden an seinem im Krieg zerstörten Hab und Gut zu erhalten. Dieser Antrag wurde abgelehnt.

1965 erfuhr er, dass es auch eine Wiedergutmachung für Verfolgte des Nazi-Regimes gab. Er stellte einen Antrag. In diesem Antrag schilderte er das Schicksal seiner Mutter, ihre Aufenthalte in verschiedenen Anstalten und ihre vorerst letzte Station in Galkhausen sowie ihren Tod in der Anstalt Hadamar. Er wies darauf hin, dass die Kosten der Unterbringung in voller Höhe aus der Pension und den Ersparnissen seiner Mutter getragen wurden. Sogar die Einäscherung und die angebliche Urne wurden von diesem Geld bezahlt. Er betonte aber in diesem Antrag auch, wie irrsinnig der nationalsozialistische Staat war: Seine Mutter wurde aufgrund ihrer

Krankheit als „unwertes Leben" ermordet und er, ihr Sohn, musste für dieses System in den Krieg ziehen.

Der Antrag wurde aufgrund von Fristverstreichung vom Regierungspräsidenten Arnsberg abgelehnt. Der zuständige Beamte betonte in seiner Begründung, dass auch, wenn die Frist verlängert würde, er keinen Anspruch auf Entschädigung hätte, da nicht festgestellt werden konnte, dass die Tötung seiner Mutter aus Gründen erfolgte, die einen Anspruch auf Entschädigung nach §1 BEG (Bundesentschädigungsgesetz) rechtfertigen würde. Man forderte ihn auf, seinen Antrag zurückzuziehen. Gregor erhob Widerspruch, aber auch dieser wurde mit den gleichen Begründungen abgelehnt.

2010 stellte er dann noch einmal einen Antrag. Dabei ging es ihm nicht um die Entschädigungszahlung, sondern um die Anerkennung seiner Mutter als Verfolgte und Opfer des Nationalsozialismus. Er wollte, dass die deutschen Behörden ihr Schicksal anerkennen. Dieses Mal mit Erfolg.

1999 fuhr er das erste Mal nach Hadamar. Dort erfuhr er, wie seine Mutter vermutlich die letzten Stunden ihres Lebens verbracht hatte. Für ihn war es sehr erschütternd. Er konnte sich nicht vorstellen, dass Menschen so etwas mit seiner Mutter und den anderen Opfern gemacht haben.

In Hadamar erfuhr er auch den wahren Todestag seiner Mutter: 2. Mai 1941.

Über die Gedenkstätte Hadamar erhielt Gregor 2005 eine Anfrage, ob er zu einem Interview mit einer US-amerikanischen Wissenschaftlerin bereit wäre, die eine Dokumentation zur Aktion T4 machen wollte. Catherine Mary Macías beabsichtigte, alle sechs Tötungsanstalten zu besuchen und Angehörige von Opfern zu interviewen. Gregor stimmte zu.

An einem schönen Sommertag in 2005 kam Catherine Mary Macías mit einem Dolmetscher nach Grafschaft im Sauerland. Gregor war sehr aufgeregt. Nun konnte er sein Versprechen, das er sich selbst gegenüber gegeben hatte, einlösen. Er erzählte die Geschichte seiner Mutter bis 1936. Ihr Leben danach kannte er ja nicht. Er zeigte Frau Macías die Dokumente und Fotos, die er noch von seiner Mutter hatte. Zuletzt zeigte er ihr die Sterbeurkunde. Als sie ihn danach fragte, was er gefühlt habe, als er vom Tod seiner Mutter erfahren habe, antwortete er: „Was glauben Sie? Sie war meine Mutter!“ Dann fing er an zu weinen.

Als Frau Macías sich verabschiedete, nahm sie Gregor in den Arm und sagte: „Sie sind ein ganz tapferer Mann!“

Catherine Mary Macías erstellte eine Internetseite über ihr Projekt und beschrieb dort auch Rosas tragische Geschichte.[269]

Gregor sprach zwar über das Schicksal seiner Mutter, aber er sprach nicht darüber, wie es ihm selbst in der Zeit des Nationalsozialismus ergangen war. Hatte man ihn ausgelacht, weil seine Mutter „geisteskrank“ war? Hatte man hinter vorgehaltener Hand über ihn gesprochen? Musste er selbst fürchten, dass man ihn verfolgte? Das werden wir nicht mehr erfahren.

Nur über ein Ereignis nach der Einweisung seiner Mutter hat er gesprochen: Solange er noch Kontakt zu seiner Mutter hatte, waren seine Haare – auf Wunsch seiner Mutter – für damalige Verhältnisse sehr lang. Als der Kontakt aber 1936 abbrach, überredete einer seiner Onkel ihn, sich seine Haare so schneiden zu lassen, wie die anderen Jungen in seinem Alter. Er ist diesem Wunsch nachgekommen, aber er hat es sein Leben lang als Verrat an seiner Mutter empfunden.

---

[269] http://www.t4holocaust.net/hadamar/hadamar.html (06.09.2018).

Gregor war in seinem Wesen sehr zurückhaltend und sprach wenig über sich selbst, insbesondere über die Zeit des Nationalsozialismus. Aber er war nie verbittert über das Schicksal, das ihn und seine Familie ereilt hatte. Für ihn und auch seine Frau Ruth war es sehr wichtig, dass sie ein offenes Haus hatten, in dem die Menschen willkommen waren, unabhängig von ihrem sozialen Stand, ihrer Religion oder ihrer Nationalität.

Das Schicksal seiner Mutter hat ihn immer berührt und sein Leben geprägt. Seine Frau Ruth hat einmal gesagt, dass sie nie gehört habe, dass Gregor laut gelacht habe. Sein Lachen war still.

## Gebt uns unsere Namen zurück – Hintergründe

Deutschland befand sich im Wiederaufbau. Die Besatzungszonen waren aufgelöst und 1949 waren zwei deutsche Staaten gegründet worden, die Bundesrepublik Deutschland und die Deutsche Demokratische Republik. Die meisten Menschen in Westdeutschland wollten die Gräueltaten und Verbrechen des Nationalismus vergessen und nicht über die Vergangenheit nachdenken. Schmerz und Trauer wurden gesellschaftlich nicht thematisiert.

Zwangssterilisierte und Kinder oder Angehörige von Opfern der NS-„Euthanasie“ gehörten lange zu den ausgegrenzten NS-Opfern und wurden nicht als Verfolgte des Nationalsozialismus anerkannt.[270] Zwangssterilisierte und Überlebende der „Euthanasie“ sowie deren Angehörige erhielten in der Bundesrepublik bis 1980 keine Entschädigung, da sie nicht unter die Berechtigten – ethnisch,

[270] Vgl. Arbeitsgemeinschaft Bund der "Euthanasie"-Geschädigten: https://www.euthanasiegeschaedigte-zwangssterilisierte.de/themen/einfuehrung/ (08.09.2018).

religiös oder politisch Verfolgte – des §1 Bundesentschädigungsgesetzes (BEG), das rückwirkend zum 1. Oktober 1953 in Kraft trat, fielen.[271] Erst 2007 erklärte der Bundestag das „Gesetz zur Verhütung erbkranken Nachwuchses“ von 1933 zu einem nationalsozialistischen Unrechtsgesetz. 2011 entschied der Deutsche Bundestag, dass Opfer von Zwangsterilisation und „Euthanasie“ im Rahmen des „Allgemeinen Kriegsfolgengesetzes“ auch in den Entschädigungsleistungen anderen Opfern des Nationalsozialismus gleichgestellt werden.[272]

Wie kam es dazu, dass über die Opfer der Krankenmorde und der Zwangssterilisierungen im Nationalsozialismus so lange Zeit geschwiegen wurde und dass sie in der Gesellschaft eine geringe Lobby hatten? Hierbei spielten verschiedene Gründe eine Rolle: juristische, wissenschaftliche und kulturelle Gründe sowie auch persönliche Gründe der Opfer und Angehörigen.

Zu den juristischen Gründen gehörten die Urteile in den „Euthanasie“-Prozessen. Diese waren zum größten Teil sehr milde ausgefallen; es gab sogar viele Freisprüche. Die zu Haftstrafen Verurteilten wurden meist schon nach kurzer Zeit wieder entlassen und durften ihre Berufe als ÄrztInnen und Pflegepersonal weiter ausüben. Diese milden Strafen hatten den Anschein, dass die Argumentation der TäterInnen, sie hätten die Tötung von Behinderten als legitime Sterbehilfe verstanden – wenn nicht sogar als Barmherzigkeit – von den Gerichten bestätigt wurde.[273]

---

[271] Vgl. Gegen Vergessen - Für Demokratie e.V.: https://www.gegen-vergessen.de/themen/nationalsozialismus/euthanasieopfer-und-zwangssterilisierte/ (08.09.2018).
[272] Vgl. ebd.
[273] Vgl. Knittel, Susanne C.: Unheimliche Geschichte: Grafeneck, Triest und die Politik der Holocaust-Erinnerung, transcript, Bielefeld 2018, S. 65.

Viele Täterinnen und Täter wurden in der Nachkriegszeit wieder als MedizinerInnen und Pflegekräfte eingesetzt und gelangten so wieder zu gesellschaftlichem Status. Die überlebenden Opfer hingegen erfuhren weder juristische noch gesellschaftliche Wiedergutmachung. Die früheren TäterInnen wurden zudem auch als GutachterInnen in Entschädigungsprozessen eingesetzt. Die überlebenden Opfer wurden in diesen Prozessen meist nicht gehört, da sie als „geisteskrank" oder behindert nicht als Zeuginnen und Zeugen zu Wort kamen.[274]

Die „Deutsche Gesellschaft für Psychiatrie und Psychotherapie, Psychosomatik und Nervenheilkunde e. V." (DGPPN) bekannte sich 2010 zu den im Nationalsozialismus begangenen Verbrechen. Diesem Beispiel folgte 2012 die Bundesärztekammer.

Die ersten wissenschaftlichen Aufarbeitungen der nationalsozialistischen „Euthanasie"-Morde wurden 1947 von Alice Ricciardi-von Platen[275] mit dem Buch „Die Tötung Geisteskranker in Deutschland" eingeleitet. 1949 veröffentliche Alexander Mitscherlich[276] ein Buch über die Nürnberger Ärzteprozesse: „Wissenschaft ohne Menschlichkeit: Medizinische und Eugenische Irrwege unter Diktatur, Bürokratie und Krieg". Beide fanden aber in der Gesellschaft und im damaligen Wissenschaftskontext keine Beachtung. Erst seit den 1980er Jahren wird die Forschung in diesem Bereich

[274] Vgl. Knittel 2018, S. 66ff.

[275] Alice Ricciardi geb. Gräfin von Platen-Hallermund (1910–2008), italienische Ärztin und Psychoanalytikerin, Mitglied der Beobachterkommission beim Nürnberger Ärzteprozess.

[276] Alexander Harbord Mitscherlich (1908–1982), deutscher Arzt, Psychoanalytiker, Hochschullehrer und Autor, Mitglied der Beobachterkommission beim Nürnberger Ärzteprozess.

konsequent durchgeführt. Vorreiter waren hier Ernst Klee[277] und Klaus Dörner[278].[279]

Kulturelle Gründe für die Nichtbeachtung der Opfer der „Euthanasie“ und Zwangssterilisationen im Nationalsozialismus sind auch die Beibehaltung des Personals in den Heil- und Pflegeanstalten und der psychiatrischen Behandlungsmethoden. Eine Interessenvertretung der Opfer fehlte. Auch aus den Reihen der Angehörigen kam diesbezüglich keine Unterstützung. Erst mit der Gründung des Bundes der „Euthanasie“-Geschädigten und Zwangssterilisierten e.V. (seit 2009 Arbeitsgemeinschaft Bund der „Euthanasie“-Geschädigten und Zwangssterilisierten) fand auch diese Gruppe der Opfer des Nationalsozialismus ein Sprachrohr, das sich für die Rehabilitierung der Opfer einsetzt.[280]

Die Gründe für das Schweigen der Angehörigen der Opfer sind zum einen Schuldgefühle, zum anderen aber auch Angst vor Stigmatisierung. Viele Angehörige fühlen sich schuldig, weil sie den Opfern nicht geholfen haben, sie nicht aus den Anstalten herausgeholt haben, obwohl sie vielleicht von den Krankenmorden gehört hatten. Es ist aber auch die Scham, dass sie so lange geschwiegen haben, sowohl im Nationalsozialismus als auch in der Nachkriegszeit. Hinzu kommt die Angst der Angehörigen, sich mit dem Thema psychische Erkrankungen in der Familie auseinandersetzen zu müssen. Sie befürchten eine Ausgrenzung aus der Gesellschaft, da dieses Thema auch heute noch für einige Menschen ein Tabu ist. Dieses ist auch ein Grund dafür, dass viele Jahre die Namen der „Euthana-

---

277 Ernst Klee (1942–2013), deutscher Journalist, Filmemacher und Autor.
278 Klaus Dörner (geb.1933), deutscher Mediziner und Psychiater.
279 Psychiatrienetz: https://www.psychiatrie.de/psychiatriegeschichte/nationalsozialismus.html (08.09.2018).
280 Vgl. Knittel 2018, S. 68.

sie“-Opfer geheim gehalten wurden mit der Argumentation der ärztlichen Schweigepflicht, damit den Angehörigen kein Nachteil durch die Familiengeschichte entsteht.[281]

Auch innerhalb vieler Familien wurde das Thema der ermordeten Angehörigen zum Tabu. Die nächsten Generationen erfuhren nichts von diesem Familiengeheimnis; so wurde dieses Geheimnis in etlichen Familien mit ins Grab genommen. Die Opfer wurden vergessen.

Die Akten über die Opfer nach August 1941, dem Zeitpunkt der Einstellung der Aktion T4 und dem Beginn der „wilden Euthanasie“, wurden in den Tötungsanstalten aufbewahrt. Viele von diesen Akten sind noch vor Kriegsende vernichtet worden. So berichtete eine ehemalige Verwaltungsmitarbeiterin:

> „Im Herbst 1944 kam ich für ca. 4 Wochen nach Hartheim, es können auch 6 Wochen gewesen sein. Meine Tätigkeit bestand lediglich darin, Akten zu vernichten.“[282]

Die Akten der Aktion T4 waren an die Zentralstelle in Berlin versandt worden und galten nach dem Krieg als verschollen. Erst durch die Vereinigung der beiden deutschen Staaten ist ein Teil der Krankenakten der Opfer wiederaufgetaucht. Anfang der 1990er Jahre fand man diese Akten im ehemaligen Ministerium für Staatssicherheit der DDR in Berlin.

Die erste Tötungsphase, die Aktion T4, hatte über 70.000 Opfer gefordert, davon sind circa 30.000 Krankenakten erhalten geblieben.

---

[281] Vgl. Knittel 2018, S. 69f.

[282] HStA Wiesbaden, Abt. 631a, 1370, Aussage vom 7.9.1965. Vgl.: Sandner-Peter: Die „Euthanasieakten” im Bundesarchiv. Zur Geschichte eines lange verschollenen Bestandes. In: VjZ. 47, 1999, S. 385-400. In: Bundesarchiv: https://www.bundesarchiv.de/geschichte_euthanasie/Inventar_euth_doe.pdf

Ein Großteil der Akten – über 40.000 – wurde gegen Ende des Krieges vernichtet. Die noch verbliebenen Akten sind heute im Bundesarchiv in Berlin archiviert. Der Bestand bietet viele neue Erkenntnisse für die Wissenschaft.

Aber auch viele Angehörige – meist aus der zweiten oder dritten Generation – fordern die Akten ihrer ermordeten Verwandten an. Einige Angehörige äußern sich inzwischen öffentlich über das Schicksal ihrer Verwandten und lassen die Öffentlichkeit teilnehmen an ihren Recherchen. Eine der ersten Angehörigen, die die Geschichte ihrer in Hadamar ermordeten Mutter Emilie Rau[283] recherchierte, war Marie Hechler[284]. Sie hatte bereits kurz nach Ende des Zweiten Weltkrieges über ihre Mutter recherchiert und für deren Anerkennung als NS-Opfer gekämpft.

Aus der zweiten Generation ist hier besonders erwähnenswert Sigrid Falkenstein[285], die 2003 zufällig auf eine Namensliste[286] mit Opfern der Aktion T4 gestoßen ist, und das Schicksal ihrer Tante Anna Lehnkering[287] aufgearbeitet hat.[288] Sigrid Falkenstein setzt sich seitdem für eine Aufarbeitung der Geschichte der „Euthanasie“ im Nationalsozialismus ein.

---

[283] Emilie Rau (1841–1941), Opfer der nationalsozialistischen „Euthanasie“, ermordet in Hadamar.
[284] Marie Hechler (1912–1995), eine der ersten Vorreiterinnen der Angehörigenforschung bezüglich der NS-„Euthanasie“.
[285] Sigrid Falkenstein (geb. 1946), deutsche Autorin. Mit ihrem Buch „Annas Spuren“ Vorreiterin der zweiten Generation der Angehörigenforschung bezüglich der NS-„Euthanasie“. Siehe auch: http://www.sigrid-falkenstein.de (10.09.2018).
[286] Siehe https://www.iaapa.de/il/46024/Claims.html (10.09.2018).
[287] Anna Lehnkering (1915–1940), Opfer der nationalsozialistischen „Euthanasie“, ermordet in Grafeneck.
[288] Falkenstein, Sigrid: Annas Spuren - Ein Opfer der NS-„Euthanasie". Verlag F. A. Herbig, 2. Auflage, 2018.

Nach Götz Alys[289] Einschätzung ist heute jeder achte erwachsene Deutsche mit einem Menschen verwandt, der zwischen 1940 und 1945 den „Euthanasie"-Morden zum Opfer gefallen ist. Aly war einer der Ersten, der sich dafür einsetzte, dass die Namen der Opfer öffentlich gemacht wurden.[290] Dies ist nun geschehen: Seit August 2018 sind die Namen von über 30.000 Opfern der Aktion T4 auf der Internetseite des Bundesarchives veröffentlicht.[291] Man hat den Opfern ihre Namen wiedergegeben.

---

[289] Götz Haydar Aly (geb. 1947) deutscher Politikwissenschaftler, Historiker und Journalist.

[290] Vgl. Aly 2013, 9ff.

[291] Siehe Bundesarchiv: https://www.bundesarchiv.de/DE/Content/Artikel/Ueber-uns/Aus-unserer-Arbeit/euthanasie-im-dritten-reich.html (10.09.2018).

# Sprachrohr meiner Großmutter

## Nicht nur den Namen

Ich schreibe die Lebens- und Leidensgeschichte von Rosa Schillings auf. Einer Frau, die durch persönliche Schicksalsschläge in die Maschinerie der nationalsozialistischen Psychiatrie geraten war. Einer Frau, die sich trotz aller Schikanen in den Heil- und Pflegeanstalten in der Zeit des Nationalsozialismus nicht beugen ließ. Einer Frau, die 1941 in Hadamar durch Gas ermordet wurde. Meiner Großmutter.

Mein Vater hat viel über die Zeit, die er mit seiner Mutter verbringen konnte, gesprochen. Aber es waren die Erinnerungen eines Kindes. Ab seinem zehnten Lebensjahr hatte er keinen Kontakt mehr zu seiner Mutter. Ob er sie nicht besuchen durfte, weil es die Anstalt nicht erlaubte, oder ob die Familie ihn schützen wollte, damit er als Sohn nicht auch unter das „Gesetz zur Verhütung erbkranken Nachwuchses“ fiel – ich weiß es nicht und werde es auch nicht mehr erfahren.

Über das Schicksal seiner Mutter hat mein Vater offen gesprochen. Er hat nicht, wie viele Angehörige der Opfer der Krankenmorde, geschwiegen. Aber viele Menschen in seinem Umfeld wollten diese Geschichte nicht hören, sie wollten sich nicht mit den Gräueltaten des Nationalsozialismus auseinandersetzen und vergaßen dabei ganz die Opfer und deren Angehörige.

Als ich etwa zehn Jahre alt war, sprach mich im Freibad in Würselen ein Junge an, dessen Vater und Großmutter in der Zeit des Nationalsozialismus NachbarInnen meines Vaters gewesen waren: „Deine Oma war im Irrenhaus!“

Meine Eltern hatten mir, kindgerecht, die Situation und Rosas Leidensgeschichte erklärt: immer ein Stückchen mehr, so dass ich als erwachsene Frau ihr Schicksal kannte.

Rosas Foto hing an einem Ehrenplatz in meinem Elternhaus. Für mich war sie eine sehr schöne Frau, aber auch etwas unnahbar, da ich sie leider nicht kennenlernen durfte.

Als Frau Macías meinen Vater interviewte, war ich dabei. An diesem Tag sah ich zum ersten Mal den Brief meiner Großmutter an meinen Vater, den sie ihm aus einer Anstalt in Ückerath geschrieben hatte. Mit diesem Brief ist meine Großmutter auch mir etwas nähergekommen.

Mein Vater ist im Januar 2015 verstorben. Als eine Einladung an meinen Vater von der Gedenkstätte in Hadamar zum 70-jährigen Jahrestag der Befreiung der Tötungsanstalt kam, habe ich spontan diese Einladung angenommen. Im März 2015 habe ich zum ersten Mal den Ort gesehen, an dem meine Großmutter ermordet worden war. Ich bin ihren Weg nachgegangen – von der Garage der Busse bis zur Gaskammer und zum Krematorium. Ein grausamer Weg, Rosas letzter Weg.

In Hadamar habe ich auch erfahren, dass noch circa 30.000 Krankenakten der Opfer der Aktion T4, die bis August 1941 getötet wurden, im Bundesarchiv in Berlin vorhanden sind. Auch die Akte meiner Großmutter gehörte zu diesem Archivgut. Ich habe einen Antrag gestellt und eine Kopie der Akte erhalten. Das, was ich dann aus der Krankenakte erfahren habe, hat alle Erwartungen bei Weitem übertroffen. In der Krankenakte wurden hauptsächlich Rosas Äußerungen dokumentiert, nicht die Therapie. So konnte ich einen Teil ihres Lebens von 1936 bis 1941 nachvollziehen. Das Lesen der Akte hat mich emotional sehr erschüttert, aber auch sehr stolz gemacht: Trotz aller Schikanen konnte niemand Rosas Willen brechen. Sie hat sich bis zuletzt gegen die Behandlung in Galkhausen und das Naziregime aufgelehnt.

Durch das Lesen der Krankenakte habe ich eine ganz enge Beziehung zu meiner Großmutter aufbauen können. Sie hat sich gewehrt, sie hat für ihren Sohn gekämpft und es hat niemand geschafft, ihren Willen zu beugen. Eine sehr mutige Frau – meine Großmutter.

Die Krankenakte war ein Teil. Aber wie war das Leben für die Patientinnen und Patienten in den Heil-und Pflegeanstalten zur Zeit des Nationalsozialismus? Was geschah mit ihnen in Hadamar? Immer wieder tauchten weitere Fragen auf. Ich hatte bereits Kontakt zu einer Mitarbeiterin der Gedenkstätte Hadamar aufgebaut, um die letzten Stunden meiner Großmutter nachvollziehen zu können. Ich habe die Pressestelle der LVR-Klinik Langenfeld, der Nachfolgeinstitution der Heil- und Pflegeanstalt Galkhausen, kontaktiert und einen Fragenkatalog dorthin gesandt. Diese Fragen haben mir Dr. Matthias Leipert[292] und Rudolf Styrnal[293], zwei der drei Autoren des Buches „Verlegt nach unbekannt“[294], sowie Dr. Friedrich Leidinger[295] beantwortet.

Von der Pressesprecherin aus Galkhausen hatte ich das Buch „Verlegt nach unbekannt“ empfohlen bekommen. Schon bei der ersten Durchsicht des Buches bin ich auf zwei für meine Recherchen

---

[292] Matthias Leipert (geb. 1940) Psychiater, von 1981 bis 2005 ärztlicher Leiter der Rheinischen Kliniken Langenfeld.
[293] Rudolf Styrnal (Geburtsjahr ist nicht bekannt) ehemaliger Pflegedienstleiter der Rheinischen Kliniken Langenfeld.
[294] Leipert, Styrnal, Schwarzer 1987.
[295] Friedrich Leidinger (geb. 1954), Psychiater, Facharzt für Psychiatrie und Psychotherapie / Geriatrie und ehemaliger Chefarzt der Allgemeinen Psychiatrie in der Klinik Langenfeld. Experte zum Thema NS-„Euthanasie“.

wichtige Dokumente gestoßen: Einen Auszug aus der Transportlisten vom 2. Mai 1941 nach Hadamar.[296] Dort ist meine Großmutter als Nr. 90 aufgeführt. Der Nachname und der Geburtsname waren zwar geschwärzt, aber anhand des Vornamens, des Geburtsdatums und des Geburtsortes konnte ich sie identifizieren. Jetzt konnte ich auch die große „90“ auf der Krankenakte meiner Großmutter zuordnen: Rosa war die Nummer 90 auf der Transportliste.

Auch der Brief[297] von Rosas Bruder Josef vom 7. Mai 1941 und das Antwortschreiben[298] der Anstalt sind in diesem Buch veröffentlicht. Durch diese Veröffentlichung war anzunehmen, dass Rosas Verwaltungsakte noch existiert. Ich setzte mich mit dem zuständigen Archiv, dem Landschaftsverband Rheinland, in Verbindung. Leider war diese Akte bisher nicht (wieder) auffindbar.

Nachdem ich im März 2015 in Hadamar war, stieß ich durch Zufall im Internet auf Kurzfilme des israelischen Filmemachers Yaniv Schwartz zur Aktion T4. Durch alle Filme zog sich das Gesicht meiner Großmutter als Anklägerin für diese Gräueltaten des nationalistischen Regimes. Ein kurzer Trailer erzählte Rosas Geschichte.[299] Yaniv Schwartz hatte das Foto meiner Großmutter auf den Internetseiten der amerikanischen Wissenschaftlerin Macías gefunden und das Foto und Rosas Leidensgeschichte in seine Filme aufgenommen. Ich nahm Kontakt zu Yaniv auf und es entstand ein neuer Kurzfilm über Rosa.[300] Er ist ein Mahnmal für alle, die diesen sinnlosen Tod gestorben sind – ein israelisch-deutsches Zufallsprojekt über eine der Gräueltaten des Nationalsozialismus. So ist Rosas

---

[296] Vgl. Leipert, Styrnal, Schwarzer 1987, S. 217.
[297] Vgl. Leipert, Styrnal, Schwarzer 1987, S. 209.
[298] Ebd.
[299] https://www.youtube.com/watch?v=c8FKFabkAx8 (05.01.2020).
[300] https://www.youtube.com/watch?v=XVw9iDnFIHs (21.02.2021)

Äußerung fast 75 Jahre nach ihrem sinnlosen Tod Wirklichkeit geworden:

> „Was muss ich für Angaben machen? Ich habe das doch alles schon mal gesagt, es ist nichts nachgekommen! Ich habe die Ehrenrechte der ganzen Welt. Ich bin [sic. als] Staatsanwältin angestellt, um selbst aufzuklären, warum ich gemordet worden bin! Ich bin ohne Sinnen gestorben!“[301]

## Mahnmale des Gräuels – Hintergründe

Die Orte des Grauens und Mordens sind heute zu Mahnmalen geworden. Mit Gedenkstätten und in Ausstellungen wird den Opfern der nationalsozialistischen „Euthanasie“ gedacht. Diese Orte sind Mahnmale dafür, dass so etwas nie wieder geschehen darf.

An der Tiergartenstraße 4 in Berlin wurde 1987 eine von dem Historiker Götz Aly konzipierte historische Ausstellung in einem Doppeldeckerbus installiert. Dies führte dazu, dass die Stadt Berlin an diesem Ort 1988 eine großformatige Stahlskulptur zum Mahnmal für die Opfer der „Euthanasie“-Verbrechen umwidmete: Zwei gebogene Stahlplatten, durch die man wie durch einen schmalen Gang gehen kann. Auf einer Gedenkplatte wird der Gräuel, der von diesem Ort ausging, beschrieben:

> „Tiergartenstraße 4 / Ehre den / vergessenen Opfern
> An dieser Stelle, in der Tiergartenstraße 4, wurde ab 1940 der erste nationalsozialistische Massenmord organisiert, genannt nach dieser Adresse „Aktion T4“.

[301] Rosa Schillings’ Krankenakte, Eintrag vom 19.01.1941, R179 25899, Bundesarchiv Berlin.

> Von 1939 bis 1945 wurden fast 200.000 wehrlose Menschen umgebracht. Ihr Leben wurde als „lebensunwert“ bezeichnet, ihre Ermordung hieß „Euthanasie“. Sie starben in den Gaskammern von Grafeneck, Brandenburg, Hartheim, Pirna, Bernburg und Hadamar, sie starben durch Exekutionskommandos, durch geplanten Hunger und Gift. Die Täterinnen und Täter waren Wissenschaftler, Ärzte, Pfleger, Angehörige der Justiz, der Polizei, der Gesundheits- und Arbeitsverwaltungen. Die Opfer waren arm, verzweifelt, aufsässig oder hilfsbedürftig. Sie kamen aus psychiatrischen Kliniken und Kinderkrankenhäusern, aus Altenheimen und Fürsorgeanstalten und Lazaretten, aus Lagern. Die Zahl der Opfer ist groß, gering die Zahl der verurteilten Täter.“

Immer wieder gab es an diesem Mahnmal verschiedene Ausstellungen und Installationen, um an die Opfer zu erinnern. 2011 beschloss der Deutsche Bundestag die Erweiterung der bestehenden Mahnmale zu einem Gedenk- und Informationsort für die Opfer der nationalsozialistischen „Euthanasie“-Morde. Die Eröffnung des Gedenkortes erfolgte am 2. September 2014.[302]

---

[302] Vgl. Gedenk- und Informationsort für die Opfer der nationalsozialistischen „Euthanasie“-Morde: https://de.wikipedia.org/wiki/Gedenk-_und_Informationsort_f%C3%BCr_die_Opfer_der_nationalsozialistischen_%E2%80%9EEuthanasie%E2%80%9C-Morde (10.09.2018).

Abb. 49: Gedenk- und Informationsort für die Opfer der nationalsozialistischen „Euthanasie“-Morde: Berlin, Tiergartenstraße 4. © Marc Hartung, Berlin.

Ein weiteres Mahnmal ist das Denkmal der „Grauen Busse“. Dieses zweiteilige Denkmal der Künstler Horst Hoheisel und Andreas Knitz wurde in Ravensburg errichtet als „Transportmittel der Erinnerung“: aus zwei symbolischen Betonbussen bestehend, da die von der Gekrat eingesetzten Busse die Patientinnen und Patienten in die Tötungsanstalten fuhren. Ein zweiter „Grauer Bus“ ist als mobiles Denkmal konzipiert. In die Betonbusse ist eingraviert „WOHIN BRINGT IHR UNS?“

Abb. 50a: Denkmal der „Grauen Busse“, © Gabriele Lübke.

Abb. 50b: Inschrift des Denkmals der „Grauen Busse“, © Gabriele Lübke.

Virtuelle Gedenkstätten erinnern an die Schicksale der Opfer der nationalsozialistischen „Euthanasie“, legen die historischen Hintergründe dar und zeigen anhand von Opferbiografien die Schicksale der Ermordeten auf. Exemplarisch wird hier Gedenkort-T4.eu erwähnt.[303] Hier ist auch Rosa Schillings' Biografie dokumentiert.

Sowohl in den ehemaligen Tötungsanstalten als auch in vielen psychiatrischen Kliniken, die an den „Euthanasie“-Morden beteiligt waren, gibt es Gedenkstätten, Ausstellungen und pädagogische Lernstätten. In der ehemaligen Tötungsanstalt Hadamar wurde 1953 ein Wandrelief angebracht und 1964 wurden auf dem Friedhof, auf dem die Opfer aus den Jahren 1942 bis 1945 liegen, symbolische Grabsteine errichtet. Eine 1983 von Studierenden konzipierte Ausstellung zu den Krankenmorden wurde in den Kellerräumen der Anstalt gezeigt und gilt heute als Impuls für die Gründung der Gedenkstätte Hadamar. Seit 1991 wird im Erdgeschoss der Gedenkstätte Hadamar eine Dauerausstellung präsentiert.

[303] Siehe Gedenkort-T4.eu: https://www.gedenkort-t4.eu (10.09.2018).

Abb. 51: Relief in der Gedenkstätte Hadamar.
© Gedenkstätte Hadamar.

Die Rheinische LVR-Klinik Langenfeld, die ehemalige Heil- und Pflegeanstalt Galkhausen, hat 1985 unter Leitung von Rudolf Styrnal die Ausstellung „Provinzial-Heil- und Pflegeanstalt Galkhausen 1933-1945“ konzipiert. Diese wurde gemeinsam mit der Ausstellung „Volk und Gesundheit – Heilen und Vernichten im Nationalsozialismus“, die unter der Leitung des Tübinger Historikers Dr. Walter Wuttke erstellt worden war, 1985 der Öffentlichkeit präsentiert. Dokumentiert ist die Ausstellung in dem Buch „Verlegt nach unbekannt“. Bei der Eröffnung der Ausstellung betrachtete der damalige Anstaltspfarrer Winfried Schwarzer in seiner Ansprache die Aufarbeitung der Krankenmorde aus theologischer Sicht:

> „In einem analogen Kontext – es handelt sich um das sog. Jüngste Gericht – prägt Augustinus über solche, die unwissend Schuld auf sich gezogen haben, den schlichten Satz: ‚Si amavissent, cognovissent.‘ Hätten sie geliebt, dann hätten sie erkannt – und ich fahre fort: dann hätten sie erkannt, daß es Menschen waren, die

unter der Hand zu minderwertigen Sachen wurden, die man einfach ausmustern und beseitigen konnte.
Geben wir ihnen ihre Namen und ihre Leidensgeschichte zurück! Tun wir es mit Engagement. Das wird unserem Erkennen zugute kommen, nicht nur der historischen Wahrheitsfindung, sondern auch der Wahrnehmung und Unterscheidung all dessen, was heutzutage sich umtut. Amen."[304]

Ein Gedenkstein auf dem Gelände der Klinik erinnert an die Opfer, die von Galkhausen aus in die Tötungsanstalt Hadamar gebracht wurden.

Abb. 52: Gedenkstein auf dem Gelände der Rheinischen LVR-Klinik Langenfeld, der ehemaligen Heil- und Pflegeanstalt Galkhausen. © LVR-Klinik Langenfeld.

[304] Vgl. Winfried Schwarzer: „da es einer Mutter doch peinlich ist, nicht zu wissen, wo sich ihr Kind befindet". In: Leipert, Matthias; Styrnal, Rudolf; Schwarzer, Winfried: Verlegt nach unbekannt: Sterilisation und Euthanasie in Galkhausen 1933-1945, 1987, S. 85.

Das größte grenzübergreifende Mahnmal für alle Opfer des Nationalsozialismus ist das Stolperstein-Projekt[305] des Künstlers Gunter Demnig. Seit 1992 werden diese Gedenksteine verlegt. Sie sollen an die Schicksale der Menschen erinnern, die in der Zeit des Nationalsozialismus verfolgt, ermordet, deportiert, vertrieben oder in den Suizid getrieben wurden. Verlegt werden sie meist vor den letzten frei gewählten Wohnhäusern der Opfer, aber auch als Stolpersteinschwelle an zentralen Orten. Bis Dezember 2019 hat Gunter Demnig rund 75.000 Stolpersteine in 26 europäischen Ländern verlegt. Und das Denkmal wächst weiter.

---

[305] http://www.stolpersteine.eu/ (21.02.2021).

# Der Kreis hat sich geschlossen

Im August 2017 wurde vor Rosas Geburtshaus in Würselen auf Initiative des Jüdisch-Christlichen Arbeitskreises und besonderem Engagement von Rolf Rüland, Historiker aus Würselen, von Gunter Demnig ein Stolperstein für Rosa Schillings vor ihrem Elternhaus in der Kaiserstraße 9 verlegt. Ein bewegender Moment!

Abb. 53: Gunter Demnig bei der Stolpersteinverlegung für Rosa Schillings in Würselen, August 2017. © Wolfgang Sevenich.

Der Kreis hat sich geschlossen. Rosa ist auf eine gewisse Weise in ihre Heimat zurückgekehrt und hat 76 Jahre nach ihrem Tod mit dem Stolperstein endlich einen Gedenkstein erhalten!

Abb. 54, 55: Rosas Stolperstein vor ihrem Elternhaus in der Kaiserstraße 9 in Würselen. © Wolfgang Sevenich.

# Erinnerung an meine Großmutter

Da meine Familie keine Gräber hatte – weder von meiner Großmutter noch von meinem Großvater – an denen sie weinen und trauern konnte, wurde eine andere Welt der Erinnerung aufgebaut. Ein Teil davon ist unser Familienbild, das ich in Erinnerung an meine Verstorbenen 2010 erworben habe. Das Bild stammt von der Hagener Künstlerin Barbara Wolff und symbolisiert für mich das Wiedersehen in einer anderen Welt.

Abb. 56: Aquarell mit Blattgold von Barbara Wolff, Hagen 2009.

# Brief an meine Großmutter

Oktober 2018

Liebe Oma Rosa,

nie konntest Du mir Geschichten vorlesen oder mit mir spielen, als ich klein war. Nie konntest Du mich trösten, wenn ich traurig war. Wir haben uns nie kennengelernt, aber ich bin ein Teil von Dir. Heute bin ich Dir so nah, wie ich bisher kaum einem Menschen war.

Mein Vater hat mir viel von Dir erzählt, aber auch er kannte nur einen Teil Deines Lebens. Er hat Dich sehr geliebt und er hat Dich nie vergessen.

Das Lesen Deiner Krankenakte hat mich sehr traurig gemacht, da Du solche Qualen erleiden musstest. Es hat mich wütend gemacht, dass Menschen Dir so etwas angetan haben. Es hat mich aber auch sehr stolz gemacht, dass Du so um Deine Freiheit und Deinen Sohn gekämpft hast, dass Du dieses Regime so frühzeitig durchschaut und Deinen Willen behalten hast.

Du lebst in uns, Deinen Nachkommen, weiter und das nun schon in der vierten Generation.

Ich bin stolz auf Dich! Dein Schicksal soll nicht vergessen werden.

Ruhe in Frieden.

Deine Enkelin Gabriele

# Anhang

## Chronologie

1859
Charles Darwin veröffentlicht das Buch „Die Entstehung der Arten durch natürliche Zuchtwahl“.

1871
Darwins Buch „Die Abstammung des Menschen und die geschlechtliche Zuchtwahl“ erscheint.

1895
Der deutsche Arzt Alfred Ploetz veröffentlicht das Buch „Die Tüchtigkeit unserer Rasse und der Schutz der Schwachen“. Er führte als Erster den Begriff „Rassenhygiene“ ein.

18. März 1899
Hubertina Antonette Rosa Droste wird in Würselen geboren.

1900
Die Heil- und Pflegeanstalt Galkhausen wird eröffnet. Sie gilt als eine der modernsten Anstalten in Deutschland.

26. Juli 1900
Rosas Ehemann, Johann Josef (Jean) Schillings wird in Morsbach, einem Stadtteil von Würselen, geboren.

1920

Der Psychiater Alfred Hoche und der Strafrechtler Karl Binding veröffentlichen die Schrift „Die Freigabe der Vernichtung lebensunwerten Lebens".

1924

Tod von Rosas Vater.

2. Februar 1925

Rosa heiratet Johann Josef Schillings (Jean).

29. Mai 1925

Geburt ihrer Tochter Ingeborg Alexandrine (Inge).

18. Juli 1925

Die erste Ausgabe von Adolf Hitlers „Mein Kampf" wird im Franz-Eher-Verlag veröffentlicht.

22. Juni 1926

Geburt ihres Sohnes Gregor Josef.

1927

Rosas Ehemann Jean fährt nach Borneo (Niederländisch-Indien), um dort seine neue Stelle als technischer Leiter eines Bergwerkes anzutreten.

1928

Rosas Mutter stirbt in Würselen.

1928
Dr. Georg Beyerhaus wird Direktor der Heil- und Pflegeanstalt Galkhausen.

Februar/März 1929
Rosa fährt mit ihren Kindern zu ihrem Mann nach Borneo.

11. Januar 1930
Rosas Ehemann wird bei einem Aufstand im Bergwerk ermordet.

Februar/März 1930
Rosa kehrt mit ihren Kindern nach Würselen zurück.

25. November 1931
Rosas Tochter Inge stirbt im Krankenhaus Bardenberg an Malaria.

1932
Erster Entwurf des „Gesetzes zur Verhütung erbkranken Nachwuchses" des preußischen Gesundheitsamts entsteht unter der Federführung von Eugenikern.

1932
Rosas Depressionen beginnen.

Weihnachten 1932
Rosa kommt das erste Mal in eine Heil- und Pflegeanstalt.

30. Januar 1933
Reichspräsident Paul von Hindenburg ernennt den Vorsitzenden der Nationalsozialistischen Deutschen Arbeiterpartei (NSDAP) und

„Führer“ der stärksten Reichstagsfraktion Adolf Hitler zum neuen Reichskanzler.

ab 1933
Es beginnt eine diffamierende Propaganda gegen psychisch kranke und behinderte Menschen.

1933
Rosas Bruder Hermann wird zu ihrem Pfleger und zum Vormund ihres Sohnes Gregor bestimmt.

1933 bis 1935
Rosa kommt immer wieder für einige Wochen in Heil- und Pflegeanstalten.

14. Juli 1933
Das „Gesetz zur Verhütung erbkranken Nachwuchses“ wird vom Deutschen Reichstag verabschiedet.

1. Januar 1934
Inkrafttreten des „Gesetzes zur Verhütung erbkranken Nachwuchses“. Die Zwangssterilisationen beginnen.

9. März 1936
Rosa kommt in das Krankenhaus Lindenburg in Köln.

12. März 1936
Rosa wird in die Heil- und Pflegeanstalt Galkhausen eingewiesen.

22. März 1936
Dr. Herman stellt die Diagnose Schizophrenie (symptomarm).

23. März 1935
Die Ausstellung „Wunder des Lebens“ wird in Berlin eröffnet. Hier wird die nationalsozialistische „Rassenhygiene“ propagiert.

März 1936
Der Kontakt von Rosa zu ihrem Sohn wird unterbunden.

wahrscheinlich 1937
Die Pflegschaft für Rosa und die Vormundschaft für ihren Sohn gehen auf ihren Bruder Josef über.

Ab Februar 1939
Die Vorbereitungen zur „Kinder-Euthanasie“ werden getroffen.

Ab Mitte 1939
Die Tötung erbkranker und kognitiv oder körperlich beeinträchtigter Säuglinge und Kinder beginnt.

Juli/August 1939
Hitler traf sich mit ranghohen Vertrauten zur Beratung über die Vernichtung von psychisch erkrankten und behinderten Erwachsenen. Mit der Durchführung dieser Maßnahmen wurde Philipp Bouhler beauftragt.

18. August 1939

Erlass des Reichsministeriums des Innern, der Ärzte und Hebammen verpflichtete, Neugeborene und Kinder unter drei Jahren zu melden, bei denen sie bestimmte Symptome feststellten.

1. September 1939

Der Zweite Weltkrieg beginnt in Europa mit dem deutschen Überfall auf Polen.

Ab September 1939

Aufbau einer Tötungsmaschinerie mit Tarngesellschaften: Reichsarbeitsgemeinschaft (RAG) „Heil- und Pflegeanstalten“, „Gemeinnützige Krankentransport GmbH“ (Gekrat), „Gemeinnützige Stiftung für Anstaltspflege“, „Zentralverrechnungsstelle Heil- und Pflegeanstalten“ (ZVSt).

Ab 29. September 1939

Die Tötungen von psychisch kranken und behinderten Menschen beginnen in Polen und werden in anderen besetzten Gebieten fortgesetzt.

Oktober 1939

Hitler ermächtigte mit einem auf den 1. September 1939 zurückdatierten Schreiben Bouhler und Brandt mit der Durchführung der Tötung von „lebensunwertem Leben“.

9. Oktober 1939
Mit dem Runderlass des Reichsministeriums des Innern werden die Heil- und Pflegeanstalten zur Benennung von Kranken mittels Meldebögen aufgefordert, die bestimmte Merkmale oder Diagnosen, wie zum Beispiel Schizophrenie, aufweisen.

Oktober 1939
40 ärztliche Gutachter werden von der Zentralstelle in Berlin berufen, die Meldebögen aus den Heil- und Pflegeanstalten auszuwerten und darüber zu entscheiden, welche Patientinnen und Patienten in den speziell für diesen Zweck eingerichteten Tötungsanstalten vergast werden sollen.

Dezember 1939
Es erfolgt der erste Einsatz eines mobilen Gaswagens in Polen. Die mobile Gaskammer (Einsatz bis 1941 in den besetzten östlichen Gebieten) wurde als LKW-Anhänger mit der Aufschrift „Kaiser's Kaffee Geschäft" getarnt.

Januar 1940
In der Anstalt Brandenburg wird im Beisein der T4-Organisatoren eine „Probevergasung" durchgeführt.

20. Januar 1940
Die Tötungsanstalt Grafeneck nimmt den Betrieb auf.

8. Februar 1940
Die Tötungsanstalt Brandenburg nimmt den Betrieb auf.

6. Mai 1940
Die Tötungsanstalt Hartheim bei Linz nimmt den Betrieb auf.

Ab Mai 1940
Jüdische Patientinnen und Patienten aus deutschen Heil- und Pflegeanstalten werden selektiert und im Rahmen der Aktion T4 ermordet.

Juni 1940
Die Tötungsanstalt Sonnenstein bei Pirna nimmt den Betrieb auf.

1. Juli 1940
Galkhauser Patientinnen und Patienten, die den Kriterien der Meldebögenaktion entsprechen, werden von der Anstaltsleitung nach Berlin gemeldet. Auch Rosa wird als „lebensunwertes Leben" gemeldet.

21. November 1940
Die Tötungsanstalt Bernburg nimmt den Betrieb auf und löst die im Oktober 1940 geschlossene Anstalt Brandenburg ab.

November/Dezember 1940
Die Baumaßnahmen in der Anstalt Hadamar beginnen. In einem separaten Flügel der Anstalt werden eine Gaskammer, ein Sezierraum und zwei Krematoriumöfen eingebaut.

9. Dezember 1940
Die Tötungsanstalt Grafeneck schließt.

13. Januar 1941
Die Tötungsanstalt Hadamar nimmt ihren Betrieb auf.

29. März 1941
Die rheinischen Anstaltsleiter werden durch von Creutz (von 1935 bis 1945 Medizinaldezernent in der Provinzialverwaltung der Rheinprovinz) in Düsseldorf darüber informiert, dass der Krankenmord jetzt auch in der Rheinprovinz bevorstehe, in Form von Zwischenanstalten in Andernach und Galkhausen.

März/April 1941
Eine Ärztekommission der „T4"-Zentrale unter der Leitung von Prof. Nitsche kommt nach Andernach. Wenige Tage später erreicht die gleiche Kommission, jetzt unter der Leitung von Dr. Schmalenbach, Galkhausen und stellt eine Liste der Ursprungskranken für den Abtransport nach Hadamar zusammen.

Ab April 1941
Die Tötung „kranker" und „nicht mehr arbeitsfähiger" KZ-Häftlinge beginnt in den Tötungsanstalten der „Aktion T4" in Bernburg, Sonnenstein und Hartheim im Rahmen der „Aktion 14f13", die 1944 endet.

17. April 1941
Dr. Georg Beyerhaus, Direktor der Heil- und Pflegeanstalt Galkhausen, erliegt einem Herzinfarkt.

28. April 1941
Die „Grauen Busse" kommen das erste Mal nach Galkhausen und bringen 90 Patienten, alles Männer, von dort nach Hadamar.

2. Mai 1941
In einem zweiten Transport werden Rosa und 89 weitere Patientinnen nach Hadamar gebracht. Rosa wird am selben Tag durch Gas ermordet. Weitere Transporte folgen.

3. Mai 1941
Der neue Direktor der Heil- und Pflegeanstalt Galkhausen, Dr. Leonhard Josef Winkel, tritt seinen Dienst an.

6. Mai 1941
Erste PatientInnen aus anderen Anstalten der Rheinprovinz treffen in Galkhausen ein.

3. August 1941
In der Lamberti Kirche in Münster hält der Bischof Graf von Galen eine Predigt, in der er die „Euthanasie-Morde“ anprangert.

24. August 1941
Hitler gibt Brandt und Bouhler die mündliche Weisung, die „Aktion T4“ zu beenden und die „Erwachsenen-Euthanasie“ einzustellen.

29. August 1941
Der Propagandafilm „Ich klage an“ zur Rechtfertigung der Krankenmorde wird uraufgeführt.

ab Januar 1942
Das T4-Personal wird in den Vernichtungslagern Belzec, Sobibor und Treblinka eingesetzt.

August 1942
In Hadamar werden die Morde an psychisch kranken und behinderten Menschen fortgesetzt durch Injektionen, überdosierte Medikamente sowie Nahrungsentzug.

30. November 1942
Der Bayerische Staatsminister des Inneren erlässt den „Hungerkost-Erlaß“.

ab 1943
Die „Aktion Brandt“ (auch bezeichnet als „wilde Euthanasie“) beginnt mit der Verlegung von Patientinnen und Patienten aus Heil- und Pflegeanstalten in besondere Anstalten, wo diese mit überdosierten Medikamenten oder durch Nahrungsentzug getötet wurden.

26. März 1945
Amerikanische Truppen befreien die Tötungsanstalt Hadamar.

25. April 1945
Amerikanische Truppen befreien die Heil- und Pflegeanstalt Galkhausen.

8. Mai 1945
Bedingungslose Kapitulation aller deutschen Wehrmachtsteile.

20. November 1945
Beginn des Nürnberger Prozesses gegen die Hauptkriegsverbrecher vor dem Internationalen Militärgerichtshof.

9. Dezember 1946
Der Nürnberger Ärzteprozess beginnt.

ab 1946
Die „Euthanasie-Prozesse“ beginnen vor Gerichten in Freiburg, Frankfurt, Dresden, Düsseldorf, Hartheim und Klagenfurt.

1946
Beginn des Frankfurter Prozesses, in dem auch Ärzte, Schwestern und Pfleger aus Hadamar angeklagt sind.

1948
Im Düsseldorfer Prozess werden die Ärzte der Heil- und Pflegeanstalt Galkhausen, Rohde und Weißenfeld, freigesprochen.

1. Oktober 1953
Das Bundesentschädigungsgesetz (BEG) tritt rückwirkend zum 1. Oktober 1953 in Kraft. Zwangssterilisierte und Überlebende der „Euthanasie“ werden darin nicht berücksichtigt.

1985
Mitarbeitende der Heil- und Pflegeanstalt Galkhausen konzipieren die Ausstellung „Provinzial Heil- und Pflegeanstalt Galkhausen 1933–1945“.

1988
Die Stadt Berlin widmet eine Stahlskulptur an der Tiergartenstraße 4 den Opfern der „Euthanasie“-Verbrechen um.

1990

30.000 Krankenakten werden nach der Wiedervereinigung der beiden deutschen Staaten im Stasi-Archiv gefunden.

1991

In der Gedenkstätte Hadamar wird im Erdgeschoss eine Dauerausstellung präsentiert.

1992

Gunter Demnig beginnt sein Projekt „Stolpersteine“.

1999

Rosas Sohn Gregor besucht zum ersten Mal den Ort Hadamar, an dem seine Mutter ermordet wurde.

Juni 2005

Rosas Sohn Gregor wird von der amerikanischen Wissenschaftlerin Catherine Mary Macías interviewt.

2007

Der Bundestag erklärt das „Gesetz zur Verhütung erbkranken Nachwuchses“ von 1933 zu einem nationalsozialistischen Unrechtsgesetz.

2010

Die Deutsche Gesellschaft für Psychiatrie und Psychotherapie, Psychosomatik und Nervenheilkunde e. V. (DGPPN) bekennt sich zu den im Nationalsozialismus begangenen Verbrechen.

2011
Der Deutsche Bundestag entscheidet, dass Opfer von Zwangsterilisation und „Euthanasie“ im Rahmen des „Allgemeinen Kriegsfolgengesetzes“ auch in den Entschädigungsleistungen anderen Opfern des Nationalsozialismus gleichgestellt werden sollen.

2012
Die Bundesärztekammer bekennt sich zu den im Nationalsozialismus begangenen Verbrechen.

2. September 2014
Eröffnung des Gedenk- und Informationsortes für die Opfer der nationalsozialistischen „Euthanasie“-Morde Tiergartenstraße 4 in Berlin.

7. Januar 2015
Rosas Sohn Gregor stirbt im Alter von 88 Jahren in Meschede.

März/April 2015
In Filmen von Yaniv Schwartz, einem israelischen Filmemacher, wird Rosas Bild als Anklägerin für die Aktion T4 verwendet.

Mai 2015
Rosas Enkelin Gabriele Lübke bekommt eine Kopie der Krankenakte aus dem Bundesarchiv in Berlin.

September 2015
Yaniv Schwartz veröffentlicht einen weiteren Kurzfilm über Rosa Schillings.

12. August 2017
Vor Rosas Elternhaus in Würselen wird von Gunter Demnig ein Stolperstein verlegt.

August 2018
Das Bundesarchiv in Berlin veröffentlicht die Namen von über 30.000 Opfern der Aktion T4 auf der Internetseite des Archives.

# Personenverzeichnis

Aly, Götz Haydar (geb. 1947) deutscher Politikwissenschaftler, Historiker und Autor. Er hat sich insbesondere mit den Themen der nationalsozialistischen „Rassenhygiene“, dem Holocaust und der Wirtschaftspolitik im Nationalsozialismus sowie dem Antisemitismus im 19. und 20. Jahrhundert auseinandergesetzt.

Bacon, Francis (1561–1626) war ein englischer Philosoph, Jurist und Staatsmann.

Baudrillard, Jean (1929–2007) war ein französischer Medientheoretiker, Philosoph und Soziologe.

Baumhard, Ernst (1911–1943) war Vergasungsarzt in den-Tötungsanstalten Grafeneck und Hadamar. Er wurde auf der „Gutachter“-Liste der Zentraldienststelle T4 unter der Rubrik „Ärzte in den Anstalten“ als Angehöriger der T4-Organisation aufgeführt. Anfang 1940 wurde er zum stellvertretenden Vergasungsarzt der Tötungsanstalt Grafeneck ernannt; ab April 1940 wurde er der Leiter von Grafeneck. Dort fungierte er unter dem Tarnnamen „Dr. Jäger“. Er war Teilnehmer an der ersten „Probevergasung“ von Kranken im alten Zuchthaus Brandenburg. Nach Schließung der Tötungsanstalt Grafeneck ging er in die neu errichtete Tötungsanstalt Hadamar. Dort wurde er Direktor und gleichzeitig Vergasungsarzt unter dem Tarnnamen „Dr. Moos“. Aufgrund von Differenzen mit dem T4-Organisator Viktor Brack ging er im Juni 1941 zur Kriegsmarine. Bei einem U-Boot-Einsatz fand er 1943 den Tod.

Berger, Oswald, siehe: Bünger, Walter.

Beyerhaus, Georg (?–1941) war Psychiater und von 1928 bis 1941 Direktor der Heil- und Pflegeanstalt Galkhausen.

Binding, Karl (1841–1920) war ein deutscher Jurist und Mitverfasser der Schrift über „Die Freigabe der Vernichtung lebensunwerten Lebens“, die er gemeinsam mit Alfred Hoche verfasste.

Blum, Philipp (1902–?) war Leichenverbrenner und Friedhofsverwalter in Hadamar. Er wurde zu 30 Jahren Haft verurteilt und 1952 entlassen.

Bouhler, Philipp (1899–1945) war Reichsleiter der NSDAP, Chef der Kanzlei des Führers, Beauftragter Hitlers für die Aktion T4. Er war einer der führenden Köpfe bei der Ermordung von psychisch kranken und behinderten Menschen im Nationalsozialismus und verantwortlich für den Aufbau und die Durchführung der Aktion T4 sowie Mitinitiator der Aktion 14f13. Im Mai 1945 wurde er von amerikanischen Truppen verhaftet. Auf der Fahrt nach Dachau beging er Suizid.

Brack, Viktor Hermann (1904–1948) war ein deutscher Wirtschaftswissenschaftler und politischer Funktionär im Nationalsozialismus. Er war maßgeblich als Organisator an der Aktion T4 sowie an den medizinischen Experimenten in den Konzentrationslagern beteiligt. Im Nürnberger Ärzteprozess wurde er 1947 zum Tode verurteilt und 1948 hingerichtet.

Brandt, Karl (1904–1948) war Begleitarzt von Adolf Hitler und Beauftragter Hitlers für die Aktion T4. Er wurde im Nürnberger Ärzteprozess zum Tode verurteilt und 1948 hingerichtet.

Bünger, Walter (1883–1952) war Büroleiter in Hadamar. Er führte den Tarnnamen „Oswald Berger“ – dieser Name steht unter der Sterbeurkunde von Rosa Schillings.

Creutz, Walter (1889–1971) war ein deutscher Psychiater und Medizinaldezernent in der Provinzialverwaltung der Rheinprovinz. In der Urteilsverkündung am 24. November 1948 sah das Gericht es als erwiesen an, dass der Tatbestand der Beihilfe zum Mord in Tateinheit mit Verbrechen gegen die Menschlichkeit bei Creutz erfüllt sei, aufgrund eines übergesetzlichen Notstandes wurde aber seine Handlungsweise gerechtfertigt. Creutz wurde 1950 vom Landgericht Düsseldorf freigesprochen.

Darwin, Charles Robert (1809–1882) war ein britischer Naturforscher und bedeutender Evolutionsbiologe.

Demnig, Gunter (geb. 1947) ist ein deutscher Künstler. Bekannt geworden ist er durch das Kunstprojekt „Stolpersteine“, die für die Opfer des Nationalsozialismus verlegt werden.

Dörner, Klaus (geb. 1933) ist ein deutscher Mediziner und Psychiater. Dörner setzt sich seit vielen Jahren für die Veröffentlichung der vollständigen Dokumentation, Wortprotokolle sowie Anklage- und Verteidigungsmaterialien des Nürnberger Ärzteprozesses ein.

Falkenstein, Sigrid (geb. 1946) ist eine deutsche Autorin. Mit ihrem Buch „Annas Spuren“ ist sie Vorreiterin der Angehörigenforschung bezüglich der NS-„Euthanasie“.

Faulstich, Heinz Reinhold (1927–2014) war ein deutscher Psychiater und Psychotherapeut. Forschungsschwerpunkt war die Psychiatriegeschichte, insbesondere über das Hungersterben in der Psychiatrie.

Frick, Wilhelm (1877–1946) war ein deutscher Jurist und nationalsozialistischer Politiker, von 1933 bis 1943 Reichsminister des Innern. Frick wurde im Nürnberger Prozess gegen die Hauptkriegsverbrecher zum Tod durch den Strang verurteilt und 1946 hingerichtet.

Von Friedeburg, Hans-Georg Friedrich Ludwig Robert (1895–1945) war ein deutscher Marineoffizier und Mitunterzeichner beider Kapitulationsurkunden. Nach seiner Verhaftung beging er Suizid.

Graf von Galen, Clemens August (1878–1946) war ein katholischer Priester, von 1933 bis 1946 Bischof von Münster. Er hat in seiner Predigt am 3. August 1941 öffentlich die „Vernichtung lebensunwerten Lebens“ angeklagt, woraufhin Hitler die Aktion T4 zum 24. August 1941 einstellen ließ.

De Gobineau, Joseph Arthur (1816–1882) war ein französischer Diplomat und Schriftsteller. Seine Ausführungen über die Ungleichheit der Menschenrassen haben ihn zu einem der Begründer des rassistischen Denkens gemacht.

Goebbels, Paul Joseph (1897–1945) war Politiker in der Zeit des Nationalsozialismus und einer der engsten Vertrauten Adolf Hitlers; Reichsminister für Volksaufklärung und Propaganda, Präsident der Reichskulturkammer. Durch gezielt angelegte Propaganda wurden durch sein Wirken große Teile der deutschen Bevölkerung bezüglich der Rassenhygiene und deren Auswirkungen beeinflusst. Er beging am 1. Mai 1945 Suizid.

Goldschmidt, Richard (1878–1958) war ein deutscher Biologe und Genetiker.

Gorgaß, Hans Bodo (1911–1993) war ab 1941 Tötungsarzt in Hadamar. Er galt als überzeugter Anhänger der „Euthanasie im weiteren Sinne“ und agierte in der Tötungsanstalt Hadamar als „Dr. Kramer“. 1947 wurde er vom Landgericht Frankfurt wegen Mordes in mindestens 1.000 Fällen zum Tode verurteilt. Mit Inkrafttreten des Grundgesetzes und der damit abgeschafften Todesstrafe wurde das das Todesurteil in eine lebenslange Haftstrafe umgewandelt. 1958 begnadigt.

Gürtner, Franz (1881–1941) war ein deutscher Jurist, von 1932 bis 1941 Reichsjustizminister.

Gütt, Arthur Julius (1891–1949) war ein deutscher Arzt und Eugeniker sowie Initiator des „Gesetzes zur Verhütung erbkranken Nachwuchses“.

Hechler, Marie (1912–1995) war eine der ersten Vorreiterinnen der Angehörigenforschung bezüglich der NS-„Euthanasie“.

Hennecke, Günther (1912–1943) war Vergasungsarzt in den Tötungsanstalten Grafeneck und Hadamar. Sein Tarnname in Hadamar war „Dr. Fleck“. Aufgrund von Differenzen mit dem T4-Organisator Viktor Brack ging er im Juni 1941 zur Kriegsmarine. Bei einem U-Boot-Einsatz fand er 1943 den Tod.

Heyde, Werner (1902–1964) war ein deutscher Psychiater und Professor für Psychiatrie und Neurologie an der Universität Würzburg. Er war Leiter der medizinischen Abteilung der „Euthanasie“-Zentrale sowie T4-Obergutachter und verantwortlich für das Begutachtungsverfahren, in dem anhand der Aktenlage über Leben und Tod der Patientinnen und Patienten der Heil- und Pflegeanstalten entschieden wurde. Er lebte nach dem Krieg unter falschem Namen und praktizierte als Arzt. Er beging einige Tage vor seinem Prozess im Jahr 1964 Suizid.

Hitler, Adolf (1889–1945) war von 1933 bis 1945 Diktator des Deutschen Reiches. Er ist verantwortlich für die Massenmorde an Menschen jüdischer Herkunft, sowjetischen Kriegsgefangene, Sinti und Roma, psychisch kranken und behinderten Menschen, nichtjüdischen Zivilisten, KZ-Häftlingen, Homosexuellen, Zwangsarbeitern und Deportierten. Seine Kriegspolitik führte zu Millionen von Kriegstoten und zur Zerstörung weiter Teile Europas. Hitler hat sich der Verantwortung für die Gräueltaten im Nationalsozialismus am 30. April 1945 durch Suizid entzogen.

Hoche, Alfred (1865–1943) war ein deutscher Psychiater, Neuroanatom und Neuropathologe und Mitverfasser der Schrift „Die Freigabe der Vernichtung lebensunwerten Lebens“, die er gemeinsam mit Karl Binding verfasste.

Hoheisel, Horst (geb. 1944) ist ein deutscher bildender Künstler.

Huber, Irmgard (1901–1983) war seit 1932 Schwester, ab 1942 Oberschwester in Hadamar.

Keitel, Wilhelm Bodewin Johann Gustav (1882–1946) war ein deutscher Heeresoffizier. Er unterzeichnete zusammen mit weiteren deutschen Vertretern die bedingungslose Kapitulation der Wehrmacht. Er wurde im Nürnberger Prozess gegen die Hauptkriegsverbrecher zum Tod durch den Strang verurteilt und 1946 hingerichtet.

Klee, Ernst (1942–2013) war ein deutscher Journalist, Filmemacher und Autor. Zu seinen Hauptwerken gehören Bücher zur Aufdeckung von Medizinverbrechen, Krankenmorden im Nationalsozialismus und deren mangelhafter Strafverfolgung.

Klein, Alfons (1909–1946) war Verwaltungsmitarbeiter in der Tötungsanstalt Hadamar, ab 1942 Verwaltungsleiter. Er wurde vom Militärgericht 1945 zum Tode verurteilt und 1946 hingerichtet.

Knitz, Andreas (geb. 1963) war ein deutscher Architekt und Künstler.

Lehnkering, Anna (1915–1940) war Opfer der nationalsozialistischen „Euthanasie“, ermordet in der Gaskammer in Grafeneck.

Leidinger, Friedrich (geb. 1954) ist Psychiater, Facharzt für Psychiatrie und Psychotherapie / Geriatrie und ehemaliger Chefarzt der Allgemeinen Psychiatrie in der Klinik Langenfeld; Experte zum Thema NS-„Euthanasie“.

Leipert, Matthias (geb. 1940) ist Psychiater, von 1981 bis 2005 ärztlicher Leiter der Rheinischen Kliniken Langenfeld.

Linden, Herbert (1899–1945) war ein deutscher Mediziner, Ministerialrat und ab 1942 Ministerialdirigent im Reichsministerium des Innern und einer der Organisatoren der Anstaltsmorde der Aktion T4. Er beging Suizid im April 1945.

Merkle, Adolf (1907–1959) war Büroangestellter in der Heil- und Pflegeanstalt Hadamar. Er wurde vom Militärgericht 1945 zu 35 Jahren Zwangsarbeit verurteilt.

Mitscherlich, Alexander Harbord (1908–1982) war ein deutscher Arzt, Psychoanalytiker, Hochschullehrer und Schriftsteller, Mitglied der Beobachterkommission beim Nürnberger Ärzteprozess.

Muckermann, Hermann (1877–1962) war ein deutscher Biologe und „Rassenhygieniker". Er sah die Eugenik als eine „familienfreundliche Wissenschaft". Er setzte sich dafür ein, dass erbkranke Menschen in Anstalten isoliert werden sollten. Mitbegründer der Zeitschrift Eugenik.

Neisser, Clemens (1861–1940) war ein deutscher Psychiater und Vertreter der Bettbehandlung von psychisch Kranker.

Nitsche, Hermann Paul (1876–1948) war Direktor der Heil- und Pflegeanstalten Leipzig-Dösen und Pirna-Sonnenstein, Gutachter und medizinischer Leiter der Aktion T4. Er gehörte zu den Hauptverantwortlichen der Aktion T4, war Veranlasser der medikamentösen Tötungen; Gutachter in der Aktion 14f13. 1947 zum Tode verurteilt. Das Urteil wurde 1948 vollstreckt.

Ostermann, Arthur (1864–1941) war Ministerialrat im preußischen Ministerium für Volkswohlfahrt. Vertreter der Eugenikbewegung; berief sich dabei auf die enormen Kosten, die dem Staat durch die Anstaltspflege auferlegt würden.

Ploetz, Alfred (1860–1940) war ein deutscher Arzt und Mitbegründer der Eugenik in Deutschland. Er prägte den Begriff „Rassenhygiene".

Rau, Emilie (1841–1941) war Opfer der nationalsozialistischen „Euthanasie", ermordet in Hadamar.

Rohde, Max (1904–?) war Psychiater in der Heil- und Pflegeanstalt Galkhausen. Er war in der Zwischenanstalt Galkhausen für die Verlegung von rheinischen Psychiatriepatienten – auf der Frauenseite – nach Hadamar verantwortlich. 1948 freigesprochen.

Ricciardi, Alice geb. Gräfin von Platen-Hallermund (1910–2008) war eine italienische Ärztin und Psychoanalytikerin, Mitglied der Beobachterkommission beim Nürnberger Ärzteprozess.

Rüdin, Ernst (1874–1952) war ein schweizerisch-deutscher Psychiater, Humangenetiker und „Rassenhygieniker" und Mitverfasser des Kommentars zum „Gesetz zur Verhütung erbkranken Nachwuchses“. In diesem Kommentar bezeichnet er das Gesetz als „die humanste Tat der Menschheit“.

Rüland, Rolf (geb. 1950) Historiker aus Würselen.

Ruoff, Heinrich (1887–1946) war ab 1936 Oberpfleger in der Heil- und Pflegeanstalt Hadamar. Er wurde 1945 wegen Ermordung von polnischen und sowjetischen Zwangsarbeitern zum Tode verurteilt. Das Urteil wurde 1946 vollstreckt.

Ruttke, Falk Alfred (1894–1955) war ein deutscher Jurist und Vertreter der „Rassenhygiene“. Er war beteiligt an der nationalsozialistischen Rassengesetzgebung.

Schmalenbach, Curt (1910–1944) war ein deutscher Arzt, beteiligt als Gutachter im Rahmen der Aktion T4, stellvertretender Leiter in der Tötungsanstalt Sonnenstein in Pirna und Leiter der NS-Tötungsanstalt Hadamar. Als T4-Gutachter war er in zahlreichen Anstalten, so auch Galkhausen, um die Ursprungskranken der „Zwischen“-Anstalten für die Tötungsanstalten zu „selektieren“. 1944 bei einem Flugzeugabsturz ums Leben gekommen.

Schwarzer, Winfried (Geburtsjahr nicht bekannt), Pfarrer in der Kirche der LVR-Klinik Langenfeld.

Stumpff, Hans-Jürgen (1889–1968) war deutscher Offizier und Generalstabschef der Luftwaffe. Mitunterzeichner der bedingungslosen Kapitulation der Wehrmacht.

Styrnal, Rudolf (Geburtsjahr nicht bekannt), ehemaliger Pflegedienstleiter der Rheinischen Kliniken Langenfeld.

Ullrich, Aquilin (1914–2001), Arzt in der NS-Tötungsanstalt Brandenburg, Mitglied der Planungsgruppe der Zentraldienststelle T4. 1967 wurde er freigesprochen; 1987 zu drei Jahren Haft verurteilt. Nach 20 Monaten wurde er entlassen.

Wahlmann, Alfons (1876–1956) war ab 1942 Chefarzt und Leiter der Tötungsarzt in Hadamar. Er fungierte als Tötungsarzt im Rahmen der „wilden Euthanasie". 1945 wegen Ermordung von polnischen und sowjetischen Zwangsarbeitern zu lebenslanger Haft verurteilt. 1952 entlassen.

Weißenfeld, Felix (1898–?) war Psychiater in den Heil- und Pflegeanstalten Düsseldorf-Grafenberg und ab dem 4. Mai 1941 in Galkhausen. Er war in der Zwischenanstalt Galkhausen für die Verlegung von rheinischen Psychiatriepatienten – auf der Männerseite – nach Hadamar verantwortlich. 1948 freigesprochen.

Willig, Karl (1894–1946) war Krankenpfleger in der Heil- und Pflegeanstalt Hadamar. 1945 wegen Ermordung von polnischen und sowjetischen Zwangsarbeitern zum Tode verurteilt. Das Urteil wurde 1946 vollstreckt.

Winkel, Leonhard Josef (1891–1945) war Anstaltsarzt in den Heil- und Pflegeanstalten Bedburg-Hau und ab Mai 1941 in Galkhausen. Kurze Zeit nach der Befreiung der Anstalt Galkhausen durch die Amerikaner beging er Suizid.

Wolff, Barbara (geb. 1957) Hagener Künstlerin.

Wuttke, Walter (geb. 1941), deutscher Mediziner und Medizin-historiker.

# Ortsverzeichnis Aktion T4

Die Zentrale

- Berlin, Voßstraße 4, Neue Reichskanzlei. Hier begannen die Vorbereitungen für die Aktion T4.
- Berlin, Tiergartenstraße 4: Hier befand sich ab Frühjahr 1940 die Planungs- und Verwaltungsbehörde der Aktion T4.

Tötungsanstalten der Aktion T4 und die zugeordneten Zwischenanstalten

Tötungsanstalten der Aktion T4 waren die folgenden Anstalten; ihnen waren Zwischenanstalten zugeordnet, die Stationen für die kranken Menschen auf dem Weg in den Tod waren:

- Alkoven bei Linz, Oberösterreich: Tötungsanstalt Hartheim

Zwischenanstalt:

- Linz: Landesirrenanstalt Niedernhart
- Bernburg (Saale), Sachsen-Anhalt: Tötungsanstalt Bernburg

Zwischenanstalten:

- o Landesheilanstalt Altscherbitz
- o Görden bei Brandenburg
- o Landesheilanstalt Jerichow
- o Landesheil- und Pflegeanstalt Königslutter
- o Landesirrenanstalt Neuruppin
- o Landesanstalt Teupitz
- o Landesheilanstalt Uchtspringe
- Tötungsanstalt Brandenburg

- Tötungsanstalt Grafeneck (Gomadingen, Baden-Württemberg)
- Tötungsanstalt Hadamar

Zwischenanstalten:

- Heil- und Pflegeanstalt Andernach
- Landes-Heil- und Pflegeanstalt Eichberg (Eltville am Rhein, Hessen-Nassau)
- Landes-Heilanstalt Herborn
- Privat-Heilerziehungsanstalt Kalmenhof (Idstein)
- Heil- und Pflegeanstalt Galkhausen
- Heilerziehungs- und Pflegeanstalt Scheuern
- Landes-Heilanstalt Weilmünster
    - Pirna, Sachsen: Tötungsanstalt Sonnenstein
        - Zwischenanstalten:
- Landesanstalt Arnsdorf
- Landesanstalt Großschweidnitz
- Landesanstalt Waldheim
- Landesanstalt Zschardraß

Kinderfachabteilungen

Kinderfachabteilungen, der Tarnname für Orte der „Kinder-Euthanasie“, fand man in folgenden Krankenhäusern und Heil- und Pflegeanstalten von 1939 bis 1945:

- Heil- und Pflegeanstalt Ansbach
- Städtische Nervenklinik für Kinder und Jugendliche Wiesengrund (Berlin-Wittenau)
- Landesanstalt Görden
- Krankenhaus Nord (Breslau)

- Landesanstalt für psychisch Kranke Konradstein (Starogard Gdański)
- Gau-Heil- und Pflegeanstalt Wiesengrund (Dobřany, Sudetengau)
- Heil- und Pflegeanstalt Aplerbeck (Dortmund)
- Heil- und Pflegeanstalt Eglfing-Haar (München)
- Landes-Heil- und Pflegeanstalt Eichberg
- Heil- und Pflegeanstalt Am Feldhof (Graz)
- Landesanstalt Großschweidnitz
- Heil- und Pflegeanstalt Langenhorn (Hamburg)
- Kinderkrankenhaus Rothenburgsort (Hamburg)
- Heilerziehungsanstalt Kalmenhof (Idstein)
- Heil- und Pflegeanstalt Kaufbeuren-Irsee
- Universitätskinderklinik Leipzig
- Heil- und Pflegeanstalt Dösen (Leipzig)
- Heil- und Pflegeanstalt Loben (Oberschlesien)
- Heil- und Pflegeanstalt Lüneburg
- Heil- und Pflegeanstalt Obrawalde (Meseritz)
- St. Johannisstift (Niedermarsberg)
- Landesheilanstalt Sachsenberg (Schwerin)
- Heil- und Pflegeanstalt Schleswig-Hesterberg
- Landes-Heil- und Pflegeanstalt Schleswig-Stadtfeld
- Heil- und Pflegeanstalt Süchteln-Johannistal – Abteilung Waldniel (Schwalmtal)
- Landesheilanstalt Stadtroda
- Städtisches Kinderheim Stuttgart
- Gauheilanstalt Tiegenhof (Dziekanka bei Gniezno)
- Landesheilanstalt Uchtspringe
- Heil- und Pflegeanstalt Ueckermünde

- Städtische Jugendfürsorgeanstalt Am Spiegelgrund (Wien)
- Heil- und Pflegeanstalt Wiesloch

Krankenmorde in besetzten Gebieten

Es kam von 1939 bis 1944 zu Krankenmorden in den besetzten Gebieten von Polen, der Sowjetunion und Lettland an folgenden Orten:

- Polen:
  - Chalin
  - Choroszcz
  - Dziekanka (deutsch: Dekanat, von 1939 bis 1945 Tiegenhof)
  - Gostynin
  - Kalparkow
  - Kobierzyce
  - Kocborowo (deutsch: Konradstein)
  - Kochanowka
  - Kościan (deutsch: Kosten)
  - Lubliniec (deutsch: Lublinitz)
  - Otwock
  - Owińska (deutsch: Owinsk, von 1943 bis 1945 Treslau)
  - Świecie (deutsch: Schwetz an der Weichsel)
  - Warta (bei Sieradz)
  - Wilno

- Sowjetunion
  - Cherson
  - Dnepropetrowsk
  - Kursk

- Makar’evo
- Makarevskaja Pustin
- Minsk
- Nicol’skoje
- Šumjači (Gebiet Smolensk)
- Vjaz’ma
- Winniza (Ukraine)

- Lettland:
  - Daugavpils

<u>Aktion 14f13</u>

Die Ermordung kranker und nicht arbeitsfähiger Häftlinge aus Konzentrationslagern fand von 1941 bis 1944 in folgenden Tötungsanstalten statt:

- Bernburg
- Sonnenstein
- Hartheim

<u>Aktion Brandt</u>

Ab 1943 wurden Heil- und Pflegeanstalten in Beschlag genommen und die Patientinnen und Patienten in folgende Anstalten gebracht und mit überdosierten Medikamenten oder Nahrungsentzug getötet:

- Eichberg (Eltville am Rhein)
- Gauheilanstalt Tiegenhof (Gnesen)
- Heil- und Pflegeanstalt Großschweidnitz
- Heil- und Pflegeanstalt Hadamar
- Kalmenhof (Idstein)
- Irsee (Kaufbeuren)
- Heil- und Pflegeanstalt Obrawalde (Meseritz)

- Am Steinhof (Wien)

Häftlingslazarette und Krankenreviere in Lagern

In Häftlingslazaretten und Krankenrevieren der Lager wurden als arbeitsunfähig eingestufte Kranke und ermordet, so z.B. in:

- Belzec
- Ravensbrück
- Sachsenhausen

# Quellenangaben


Archive

Akte LVR-Archiv Brauweiler

ALVR, Sammlung Graf, in: Leipert, Matthias; Styrnal, Rudolf; Schwarzer, Winfried: Verlegt nach unbekannt: Sterilisation und Euthanasie in Galkhausen 1933-1945. 1987.

Bundesarchiv Berlin, R179 25899

Landesklink Langenfeld: Chronik des Landeskrankenhauses Langenfeld 1879–1960, Verfasser unbekannt (vermutet wird, dass die Chronik von einem Dr. Lundberg verfasst wurde).

LVR-Archiv Brauweiler

Literatur

Aly, Götz: Die Belasteten - "Euthanasie" 1936–1945. Eine Gesellschaftsgeschichte. Verlag S. Fischer 2013.

Aly, Götz (Hrsg.): Aktion T4 1939–1945. Die „Euthanasie"-Zentrale in der Tiergartenstraße 4. Edition Hentrich; 2. Auflage 1989.

Ansari, Peter: Die Therapiegeschichte der Depression und die Einführung der antidepressiven medikamentösen Therapie in der BRD im Zeitraum von 1945-1970 (Dissertation Hannover 2013).

Von Beyme, Ingrid; Hohnholz, Sabine: Vergissmeinnicht - Psychiatriepatienten und Anstaltsleben um 1900: Aus Werken der Sammlung Prinzhorn. Springer-Verlag 2018.

Burkhardt, Annika: Das NS-Euthanasie-Unrecht vor den Schranken der Justiz: eine strafrechtliche Analyse. Tübingen. Mohr Siebeck 2015.

Dorner, Adolf: Mathematik im dienste nationalpolitischer Erziehung,.Diesterweg Verlag 1936.

Falkenstein, Sigrid: Annas Spuren - Ein Opfer der NS-"Euthanasie". Verlag F.A. Herbig. 2. Auflage 2018.

Faulstich, Heinz: Hungersterben in der Psychiatrie 1914-1949: Mit einer Topographie der NS-Psychiatrie. Lambertus Verlag 1998.

George, Uta; Lilienthal, Georg; Roelcke, Volker; Sandner, Peter; Vanja, Christina (Hg.): Heilstätte, Tötungsanstalt, Therapiezentrum Hadamar. Marburg 2006.

Hill, Jennifer: Zum Schicksal männlicher Patienten der Jenaer Psychiatrischen- und Nervenklinik 1933 bis 1945 nach ihren Verlegungen in die Landesheilanstalten Stadtroda und Blankenhain (Dissertation Jena 2008).

Hitler, Adolf: Mein Kampf. München. 15. Auflage 1932.

Hoche, Alfred; Binding, Karl: Die Freigabe der Vernichtung lebensunwerten Lebens. Ihr Maß und Ihre Form. 1920.

Klee, Ernst: „Euthanasie“ im Dritten Reich. Die „Vernichtung lebensunwerten Lebens“. Frankfurt am Main. 2. Auflage 2014.

Knittel, Susanne C.: Unheimliche Geschichte: Grafeneck, Triest und die Politik der Holocaust. 2018.

Landeszentrale für politische Bildung Baden-Württemberg: Euthanasie im NS-Staat: Grafeneck im Jahr 1940. 2000.

Leipert, Matthias; Styrnal, Rudolf; Schwarzer, Winfried: Verlegt nach unbekannt: Sterilisation und Euthanasie in Galkhausen 1933-1945. 1987.

Aufsätze

Adam, Uwe Dietrich: Diskussionsbeitrag. In: Eberhard Jäckel und Jens Rohwer: Der Mord an den Juden im Zweiten Weltkrieg. Frankfurt/M. 1987, S. 87.

Ankele, Monika: Wie das Krankenbett zum Medikament wurde: https://science.orf.at

Beck, Christoph: Sozialdarwinismus Rassenhygiene Zwangssterilisation und Vernichtung lebensunwerten Lebens. In: Juramagazin, http://www.juramagazin.de/16422.html

Birkenfeld, Patricia; Gabriel, Regine; Zeuch, Christian: Die Euthanasie Gedenkstätte Hadamar – Materialsammlung Eigenständiger Rundgang für SchülerInnen aller Schulformen, aus: http://www.gedenkstaette-hadamar.de

Faulstich, Heinz: Goebbels' Tagebücher und der Abbruch der „Aktion T4". In: Christian Gerlach (Hrsg.): „Durchschnittstäter" – Handeln und Motivation. (Beiträge zur Geschichte des Nationalsozialismus, Bd. 16), Berlin 2000, S. 211-212.

Graf, Hendrik: Die Situation der Patientinnen und des Pflegepersonals der rheinischen Provinzial-Heil- und Pflegeanstalten in der Zeit des Nationalsozialismus. In: Leipert, Matthias; Styrnal, Rudolf; Schwarzer, Winfried: Verlegt nach unbekannt: Sterilisation und Euthanasie in Galkhausen 1933-1945. 1987, S. 39-52.

Hermeler, Ludwig: Die Euthanasie und die späte Unschuld der Psychiater. Massenmord, Bedburg-Hau und das Geheimnis rheinischer Widerstandslegenden. 2002. Aus aerzteblatt.de: https://www.aerzteblatt.de/archiv/35469/Die-Euthanasie-und-die-spaete-Unschuld-der-Psychiater-Massenmord-Bedburg-Hau-und-das-Geheimnis-rheinischer-Widerstandslegenden (21.02.2021)

Koch, Horst J.: Psychopharmaka: Von der Zufallsentdeckung bis zum etablierten Medikament. In Pharmazeutische Zeitung online, Ausgabe 01/02/2009, S. 16-22.

Leidinger, Friedrich: Das Schicksal der polnischen Psychiatrie unter deutscher Besatzung im Zweiten Weltkrieg. In: Psychiat Prax 2014, S. 69-75.

Leipert, Matthias: Die Beteiligung der Provinzial-Heil- und Pflegeanstalt Galkhausen an der Vernichtung psychisch Kranker und Behinderter im Nationalsozialismus. In: Leipert, Matthias; Styrnal, Rudolf; Schwarzer, Winfried: Verlegt nach unbekannt: Sterilisation und Euthanasie in Galkhausen 1933-1945.1987, S. 22-38.

Lilienthal, Georg: Gaskammer und Überdosis. Die Landesheilanstalt Hadamar als Mordzentrum (1941-1945). In: Uta George, Georg Lilienthal, Volker Roelcke, Peter Sandner, Christina Vanja (Hg.): Heilstätte, Tötungsanstalt, Therapiezentrum Hadamar. Marburg 2006, S. 156-175.

Sandner, Peter: Die „Euthanasieakten" im Bundesarchiv. Zur Geschichte eines lange verschollenen Bestandes. In: VjZ. 47, 1999, S. 385-400.

Schwarzer, Winfried: „da es einer Mutter doch peinlich ist, nicht zu wissen, wo sich ihr Kind befindet". In: Leipert, Matthias; Styrnal, Rudolf; Schwarzer, Winfried: Verlegt nach unbekannt: Sterilisation und Euthanasie in Galkhausen 1933-1945. 1987, S. 85.

Internetressourcen

Ärzteblatt: www.aerzteblatt.de

Arbeitsgemeinschaft Bund der „Euthanasie"-Geschädigten: www.euthanasiegeschaedigte-zwangssterilisierte.de

Bundesarchiv: www.bundesarchiv.de

DenkTag 2004: http://denktag2004.denktag-archiv.de

Deutsche Nationalbibliothek: https://d-nb.info

Gedenkort-T4.eu: www.gedenkort-t4.eu

Gedenkstätte Hadamar: www.gedenkstaette-hadamar.de
Gegen Vergessen - Für Demokratie e.V.: www.gegen-vergessen.de

Gräberfeld: http://graeberfeld.copyriot.com

Iaapa: www.iaapa.de/il/46024/Claims.html

Juramagazin: www.juramagazin.de

Landeszentrale für politische Bildung Baden-Württemberg: www.lpb-bw.de

Landschaftsverband Rheinland: www.lvr.de

LVR-Klinikum Düsseldorf:
www.klinikum-duesseldorf.lvr.de

NS-Dokumentationszentrum der Stadt Köln:
https://museenkoeln.de/ns-dokumentationszentrum

Pharmazeutische Zeitung online:
https://www.pharmazeutische-zeitung.de

Pro Gedenkstätten Schleswig-Holstein:
http://progedenkstaetten-sh.de

Psychiatrie: www.psychiatrie.de

Science orf.at: https://science.orf.at

Sigrid Falkenstein: www.sigrid-falkenstein.de

Thüringer Universitäts- und Landesbibliothek Jena: https://www.db-thueringen.de

T4-Denkmal.de: www.t4-denkmal.de

T4-Holocaust: www.t4holocaust.net

YouTube: https://www.youtube.com/watch?v=c8FKFabkAx8

WDR Stichtag (23.03.2010):
www1.wdr.de/stichtag/stichtag5134.html

Zermahlende Geschichten, Haus im Rosengarten:
www.zermahlenegeschichte.de

Wikipedia
https://de.wikipedia.org/wiki/

Lilian Hümmler
WENN RECHTE REDEN
DIE
BIBLIOTHEK DES
KONSERVATISMUS
ALS (EXTREM) RECHTER THINKTANK

Simon Volpers
Neue rechte Männlichkeit
Antifeminismus, Homosexualität und Politik des Jack Donovan

Julia Haas
»Anständige Mädchen« und »selbstbewusste Rebellinnen«
Aktuelle Selbstbilder identitärer Frauen

Christopher Fritzsche

**Geschlechtspolitische Debatten in der *Jungen Freiheit***

2019 | 190 Seiten | 24,00 € (D)
ISBN: 978-3-944442-89-1

Rebekka Blum

**Angst um die Vormachtstellung**

Zum Begriff und zur Geschichte des deutschen Antifeminismus

2019 | 140 Seiten | 18,00 € (D)
ISBN: 978-3-944442-90-7

Juliane Lang, Ulrich Peters (Hg.)

**Antifeminismus in Bewegung**

Aktuelle Debatten um Geschlecht und sexuelle Vielfalt

2018 | 336 Seiten | 20,00 € (D)
ISBN: 978-3-944442-52-5

Judith Goetz, Joseph Maria Sedlacek, Alexander Winkler (Hg.)

**Untergangster des Abendlandes**

Ideologie und Rezeption der rechtsextremen ‚Identitären'

2018 | 436 Seiten | 20,00 € (D)
ISBN: 978-3-944442-68-6